德叔 著

孤独是好的

文匯出版社

图书在版编目（CIP）数据

孤独是好的 / 德叔著 . -- 上海 : 文汇出版社，
2018.10
ISBN 978-7-5496-2705-9

Ⅰ . ①孤… Ⅱ . ①德… Ⅲ . ①人生哲学—通俗读物
Ⅳ . ① B821-49

中国版本图书馆 CIP 数据核字 (2018) 第 193006 号

孤独是好的

出 版 人 / 桂国强
作　　者 / 德　叔
责任编辑 / 乐渭琦
封面装帧 / 嫁衣工舍

出版发行 / 文匯出版社
上海市威海路 755 号
（邮政编码 200041）
经　　销 / 全国新华书店
印刷装订 / 三河市京兰印务有限公司
版　　次 / 2018 年 10 月第 1 版
印　　次 / 2019 年 1 月第 2 次印刷
开　　本 / 889 × 1194　1/32
字　　数 / 151 千字
印　　张 / 8

ISBN 978-7-5496-2705-9
定 价：39.80 元

德叔有话说

这是属于德叔的世界，这是一个孤独的时代。

我们不停地塞满自己的生活，让心灵挤在狭小的角落，因为我们寂寞；

我们因为寂寞，又不停地掏空自己，让心灵孤零零地在身体里游荡，因为我们寂寞；

世界的冷暖我们不知道，但我们的心凉凉。

你在朋友圈展示美好，在微博里肆意发泄。但你比谁都清楚，你最想说的在心里，然后的然后，埋得太深的话，慢慢地忘记该怎么说，该对谁说。

你拥有的表情包，比你会的文字少，但你只会让你人生的对话框一个字不写，充满各类表情包。

这是孤独吧，因为你不在意看穿自己，却怕别人看穿你。

你保护自己的唯一办法是人畜无害、“佛系+玩世不恭”，难受也是一点点，时间也只能一会会儿。

夜有多长你知道，或许太多的人都知道。

02

前几天一个商务谈判，一个漂亮文员跑前跑后。

中间因为资料数据的问题，PPT 与书面资料不一致，谈判停住了。

我开始怀疑专业性、真实性，冷场，对方老总劈头盖脸骂了文员。

挺拔的身体瞬间委顿下去，弯了腰，噙着泪。

我们决定改时间再来，忘了点东西回去取。

她在默默流着泪，收拾。

我去拍拍肩头，她惊恐地跳起来，恨恨地看着我，双手抱着文件。

“小姑娘，没事吧？”

她盯着我，然后退了一步，抹了一把泪痕：“我没事。”

“知道你没事，但别在这哭。”

她戒备地挪开一步，继续收拾。我走了。

改天，和一个叫我“德叔”的年轻人说，这个世界不奖赏善良，所以你记得要有保护善良的能力，特别是保护自己善良的能力。

这个女孩，其实像我们每一个人。

这是一个充满梦想的时代，于是我们从来都一副苦大仇深的模样。

可是我们总觉得，我们把梦想活成了幻想，然后幻灭的自己，面对冷冷的墙。

你成功了，却找不到原先想分享的人；

你失败了，只能选择自己无声地落泪，大声地哭也成了奢望。

没谁没有受过伤，我们却用遗忘和麻木来疗伤……

我是德叔，我喜欢“看见”。

德叔专治忧郁，德叔专治迷惘。

德叔捅你一刀，因为你下不了手，德叔下得了手。高兴了给你药方，不高兴，让你流血，你就忘了其他的痛。

德叔让你知道，原来如此，然后你痛得无以复加，然后知道，本来如此。

你会喜欢这样的痛，然后喜欢德叔，喜欢德叔的书。

你是孤独的弱智二哈，你是孤独的暖男金毛，你是孤独的乐天泰迪……

你想成为优雅的猫，却最多沦为猫奴。

你的生活就像吸猫，以为自己可以拥有什么，其实一直被猫戏弄和鄙视，至多生活心情好的时候，赏你个“萌”，你就忘乎所以……

每个人都自以为带着原生家庭的伤。

每一个人每天的拼命，都是在和自己的过去较劲。

你没有为未来做什么，你只为逃离过去就拼得筋疲力尽……

“德叔，我要订婚了……”

“恭喜你，终于要昏了……”

“……”

尬聊，直截。我知道他刻意地发朋友圈，我知道他想告诉全世界，虽然自己的家庭不曾温暖，但他还是努力相信未来。

但是，谁关心呢？

这么小小的年纪，他没有战胜自己，却起码将自己交给未来。

也把这样的努力和德叔分享。

城市里涌进来太多的人，我们没有将世界城市化，我们却被“城市化”。

我们的孤独是因为城市大了，我们小了，我们不理解这些城市，然后寂寞成了习惯，变成种子，受着城市的辐射，变异成孤独。

我们承受着过去以为承受不了的伤，我们迈过过去以为迈不过的坎，我们因为寂寞不停地犯错，很久很久之后，因为孤独，我们原谅了自己。

你浪费得了感情，因为用完了也就死心了；

你荒废得了精力，因为用尽了也就不折腾了；

你糟蹋得了身体，因为你幻想着远方的旅行和健身房的呻吟可以帮你找回来；

你却开始吝啬时间，你宁可独处，也不想违心了，你宁可孤独了。

你升职了，请客喝酒喝得烂醉；

你成功了，请客喝酒喝得烂醉；

你被炒了，请客喝酒喝得烂醉；

你失败了，请客喝酒喝得烂醉。

但你很平静，你怀念当初踢进一个球，投进一个篮，养的花开了，登上一座山，那样的欣喜若狂。

但你很平静，你想起当年与恋人的分手，考试面试的失败，养的宠物死去，你的作品被毁掉，那样的悲伤那样的痛……

德叔不孤独，因为孤独得久了，习惯了。

德叔都经历了，于是微笑着捅你，犀利地揭开你的伤疤，其实这是另一种“暖”。

德叔“看见”你了，德叔也就让你能“看见”你自己。

你开始喜欢德叔，因为德叔的“暖”，你明白，反正你要前行，反正德叔在你前行的某个地方等着你。

你学会微笑了，你学会分享了，你学会黑暗里睁着眼。

你开始坚强了，你学会善良了，你懂得寂寞后，孤独总是好的。

你放下手机了，拒绝被网络绑架和窥视了，拿起的这本书，抚过的是德叔的经历、阅历、过往，“看见”的却是自己，自己的孤独，自己的未来……

2018 年 5 月 5 日于立夏雨后

目录 CONTENTS

孤独是好的

孤独是生命的礼物

孤独深处

孤独之书

孤独是好的

宁可孤独，也不违心，到了一定年龄必须扔掉四样东西：没意义的酒局，不爱你的人，看不起你的亲戚，虚情假意的朋友。宁可孤独，也不将就，也同样要拥有四样东西：扬在脸上的自信，长在心里的善良，融进血液的骨气，刻在生命里的坚强。

寂寞后，
孤独总是好的

没谁的寂寞是属于自己的，没谁的孤独是属于别人的。

因着出了几本书，都是关于孤独主题的，于是德叔经常会被问到：

“德叔，你孤独吗？”

“德叔，你寂寞吗？”

“德叔，你说孤独和寂寞有什么区别啊！”

孤独是不值得炫耀的，寂寞总是可以消灭的。德叔不孤独也不寂寞，德叔就是德叔。

***

寂寞是什么？

寂寞是你渴了想喝水；

孤独是什么？

你渴不渴都想来一杯茶。

***

你渴了，可能有无数的原因，吃得咸了、很久没喝水了、刚才大哭了一场或运动了，天干物燥、天儿太热，总之你就是缺水，你的身体告诉你真的渴了。

你会在周围找，只要能解渴，随便什么都好，甚至不少饮料，明明知道不解渴，但是骗骗嘴巴也行。真到了环境差，又渴得不行，随便什么水都行。你注重健康，最多试着找找矿泉水或是开水。

你没水的时候望梅止渴，有水的时候一饮而尽，有钱的时候关注选择和品质……

可是，你竟然爱上茶了，从此你渴不渴都会来杯茶。

喝茶的好处先不说，从此你不大喜欢各类饮料了，没有茶的时候也大多数时间会选择白开水或是纯净水、矿泉水。

一开始喝茶你是要有对的人、对的茶，后边发现“茶”这东西，因人而异，你喜欢的未必别人喜欢。你不再追求对的人、对的场合，你可以自己泡、独自饮。

你不奢望别人体会到茶的回甘、韵味，里面植物的生命、人的参与、自己的体悟、自己的感想。

你还曾经去给人们解读茶的益处，后来，你觉得没必要。茶是选择的话，和你喜欢吃米饭还是馒头差不多。

你对喝茶的人有莫名的亲近，但你也不试图走近或了解。你对随便拿着什么东西都来解渴的人，很理解，却坚守自己的想法。

你渴不渴都想到茶，对面有没有人都无所谓，你就是单纯喜欢罢了。

***

年轻的时候，我说“寂寞可以读懂，孤独无法注解”，或许那时候就注定我会一直一直地写东西，宿命般地出几本书。

但是真等你写了，你会发现，寂寞就是一种“知道”，而孤独却永远无法描述。

你选择逃避的就是你不可战胜的。面对寂寞，你可以选择逃避，于是你从没有战胜寂寞，只是逃离了寂寞。你还会“渴”，你还会“喝”。

面对孤独，你却懂得享受了。没有欲望的时候，通常要么活得很滋润，要么就是活得很崩溃。但与孤独遭遇，就慢慢融合、慢慢喜欢、慢慢享受。你可以分享你的一切，你却从来不会分享孤独。

***

慢慢地，你“渴”的时候也选择“喝茶”。

你感到寂寞的时候，宁可选择孤独。

你没有社交恐惧症，甚至你可以在人群里游刃有余。

你从来不是“宅人”，你懂得怎么生活得有趣、丰富。

你从来不会被时代抛下，但你绝对不会追赶这个世界。

你努力活得有趣，又努力对别人有用。你越来越知道自己是谁，越来越不关心别人看你是谁。

你终于明白，谁都不是谁的谁，却因为这个开始懂得并去学习“感恩、珍惜、随缘”。

你不再讨好这个世界，你突然发现，因为你不再讨好，所以这个世界与你和平相处。

你明白了，世界很大，你很小。你去认识经历这个世界，那是快乐到无以复加的事。

你敏感于网络的推送，那些AI、那些大数据、那些“个人偏好”，你永远保持着选择能力、独立寻找信息的能力，拒绝般的警觉。

你开始善待那些与你“三观”不一致的人，因为你明白每个人的宿命和每个人的孤独。

你更拥有爱的能力，你不羞于展示你的爱，你不再刻意保护爱，因为爱总会在该来的时候来，你受了伤害，依然会去爱。

你拥有了孩子或未来拥有孩子，你明白最好的孩子是成为他自己，而不是实现你的梦想……

***

孤独的人是有骨气的，于是孤独的人是自信的；孤独的人是善良的，于是孤独的人是坚强的。

孤独是一种选择，于是孤独不再是恐惧。

孤独让你不再“被生活”“被人生”“被世界”。

孤独让你更能“看见”自己，学会“看见”别人，孤独变成了一种“看见”。

于是，当你惯性般地寂寞后，孤独总是好的……

原谅寂寞犯的错，享受孤独的感觉

人生不是犯错就是错过。

犯错了想弥补，错过了想挽回，怎么看都是和自己的过去过不去。

李宗盛说，“时间偷光了他的选择”，然后“越过了山丘，依然无人等候”。喋喋不休，却让想听的人听不到，于是硬生生变成了一首歌。

***

前些日子，群里说得上的大神，一股脑儿地对外声称不是95后就是00后，搞得我差点以为进错了群。为了环境和谐、情境平衡，我只好一再声称自己年近八旬，我在群里发神经就是“聊发少年狂”。

年轻时矫情，说了很多自以为得意，其实不明就里的话。但有句话到今天依旧有用：人生不是犯错就是错过。

犯错了想弥补，错过了想挽回，怎么看都是和自己的过去过不去。犯错了孤立无援，错过了寂寞难耐，于是继续走着寂寞、犯错、寂寞、错过。

私下问这些“扮嫩”的主儿，原来70后想成90后，80后想成00后，甚而有些人恨不得回到牙牙学语，黑吃、黑喝、黑睡，尽情挥洒情绪，瞬间忘记过去。

没有事情想不通，只要你愿意想。想来，曾经的犯错，曾经的错过，堆积起来的寂寞，堆积起来的懊悔，让你可以原谅这个世界，都原谅不了自己。

谁都明白，人生就是个“锚定”“目标”“定位”“路径”的事儿，但青春的年代，除了胡乱着走、漫无目的地奔、跟周遭瞎比较，也还真和这几个词无关。

或许你错了，才知道自己的定位是什么；错了，才明白目标是否可能；错了，才明白锚定的重要；错了，才知道路径的选择。

然后，错过了，才知道，如何去珍惜事物、感知周遭。

然后的然后，原谅寂寞犯的错……

***

HR有句俗话：招聘条件越苛刻的岗位，这个工作越是谁都能干。

推而广之，“过好人生”这事，谁都能干，但条件却最苛刻。

你原谅了寂寞犯的错，孤独却平静地站到你的面前。

于是你突然明白，人生真难过。你跟过去过不去，你和现在没法和解，你与未来毫不相干。

“大梦谁先觉，平生我自知”的先贤们，到了今天多是“穷极一生，做不完一场梦，大梦初醒荒唐了这一生”的吟唱。

没有了“前不见古人，后不见来者”的孤寂，少了“阁中帝子今何在？槛外长江空自流”的喟叹，如今的人更孤独，却是“你在南方的艳阳里，大雪纷飞；我在北方的寒夜里，四季如春”的无法交流和注解。

你一点都不寂寞了，孤独成了美好的选择。孤独是在对的地方、对的时间、对的情境、对的通感，不是谁寻找到谁，而是就在那里，就在此刻。

你开始独自享受自己，享受时光。时间不那么急了，自己走得不紧不慢。

你所有的“锚定”“定位”都属于自己了，忘了比较周遭或不屑于比较周遭。你的“目标”“路径”，不再是依葫芦画瓢、亦步亦趋，所有看似相似的人生其实都是独一无二。这是你选择与孤独遇见，最大的收获。

你终于开始享受孤独……

***

一个朋友，在我的生活里出出进进，随意得很。

总是一段时间不联系，联系的时候，偶尔喝瓶酒、品品茶，或是分享一些不知道什么地方搜集到的新奇玩意儿。

我找他的时候他都在，都能帮着我解决不少事情。他找我的时候，也理所应当。

我们都在变化，变老或心态更年轻，从世故变得重新纯真。他从不油腻，我偶尔俗气。

他从来不谈论孤独这词儿，不像我靠着描述孤独码字。

他对年轻人态度是极好的，他说青春是最值得敬畏的，因为有选择的权利和犯错的机会。

他对曾经的错过是心存感激的，他说一切的错过，都让他学会珍惜当下，珍惜每一次的选择。

他对寂寞的态度就像是面对初恋。他告诉我，初恋是不能忘记的，但一定是可以原谅的，这也是寂寞的意义。

他说，信任人生信任自己，这才是生活的关键。信任一定会成为别人的理由，但信任不能成为自己的枷锁。

他会弹吉他和作曲，他曾经把我的一首小诗谱了曲子，偶尔一起喝了酒，他会弹唱。那一刻，时间是停止的，已经是大叔的我们，忘了年纪……

***

原谅寂寞犯的错，享受孤独的感觉

我有一张车票
拿我青春换的，可以送我去远方
我有一支歌谣
凭我记忆写的，可以伴我到天亮

寂寞的青春已经过去了啊
我伤痕累累，装作坚强如钢
寂寞的错误只好那样了啊
我快快乐乐，已经不再忧伤

我有一双翅膀
凭我纯真做的，让我可以飞翔
我有一双眼睛
因我经历黑暗，可以熠熠闪光

孤独的年纪已经来了啊
我安安静静，度过属于我的时光
孤独的选择已经来了啊
我忘了过去，等待下一个晴朗……

孤独的权利

朋友前些天问，什么是寂寞，什么是孤独?

我说，宅在家里，吃喝都叫外卖是寂寞。

那孤独呢? 孤独是，一个人，吃饭的点，仍旧齐齐整整地出门，认认真真地吃。

***

有一首歌叫《孤独的人是可耻的》，谁都知道是一种自嘲，甚至是得意，是一种“岁月不败，才华于心”的傲娇。

孤独于是成为一种结果，而这种结果充满着经历，“富而不失其形，贫而不堕其志，成而不忘初心，败而愈坚其意”。

当你的人生给你孤独的结果，那问题就简单了，孤独是宿命的结果，那我们只有独享孤独，遵循此心。

***

你开始选择社交，那些无效的、没意义的酒局，你舍了。

你开始明白什么是爱，那些不爱你的人，那些曾经的刻骨铭心，你舍了。

你终于明白，你要独自面对自己的人生，那些以为可以助力的亲缘关系，不如从此以朋友看待，那就算了吧。

你到今天才知道，那些伤害你的，一定是你的朋友，只有他们能击碎你硬硬的壳，你懂得虚情假意不如恪守规则，那就独自前行吧……

孤独原来是一种选择，你选择了孤独，也被孤独选择。

***

你“宁可孤独，也不违心”，你“宁可孤独，也不将就”。

因为自信是孤独的，所以你选择自信；

因为善良是可以选择的，于是你放在你的心里；

因为骨气是坚硬的，于是你选择融入血液；

因为坚强是无所不能的，于是你选择铭刻在生命里……

***

当你把孤独当作一个结果，你终于学会遵循自己的内心；

当你把孤独当作一个选择，你终于不再谄媚这个世界，学会善待这个人生；

当你把孤独当作一个宿命，你不再将就、敷衍、违心……

幸好岁月已流逝

从尝试与命运搏斗，到被命运驱赶，及至接受命运的安排，
然后矫情地说与这个世界和好如初，遇到真正的自己、与自己和解。

前几日和朋友聊天，大致说到70后的沉稳厚重，对生活的感悟和相对的自得其乐，自然而然聊起80后的不堪。

浮躁和焦虑像是80后的标签，活得像条狗，可惜只学会了乱叫；活得没有今天、没有未来、没有过去，但从来停不下脚步……

这个世界就是这样，要么就在朋友圈里、公众号里活在舒适区，要么但凡有不同，就有人喷你。在座的80后，鄙夷地看着我们，“你们就是老了，便宜占尽了，有了房子，有了车，没了未来，在这瞎逼逼。”

“那你们有未来吗？”

“我们没有未来，但有房贷、车贷，有苟且有远方啊。”

突然感觉，幸好岁月已流失了。虽然梦想没有实现，但起码

不用经历现实的残酷了。

80 后是接受命运并受虐上瘾，70 后该是认同宿命、开始拥有信仰。我们确信，如果猪可以飞，我敢打赌它们的翅膀绝对很好吃；而如果猫咪有翅膀，它们仍然会一动不动地窝在那里。

从尝试与命运搏斗，到被命运驱赶，及至接受命运的安排，然后矫情地说与这个世界和好如初，遇到真正的自己、与自己和解。大约的路数，就是 20、30、40、50 的年龄区别。细想，一切温情脉脉的感悟背后一定有冷冰冰的现实在张牙舞爪。

遇到未知的自己，其实是经历了磨难，把壳子打碎，露出原来的自己；与这个世界和解，不是博弈无果就是战败投降；和自己和平相处，都是不胜其烦、精疲力竭；看山还是山，山在那没变，是你变来变去。

你会因为别人买车你买车了，因为别人买房你买房了，因为别人旅游你旅游了，然后的然后，却不会因为别人快乐你快乐了。这一两年，我总是爱说爱问：“你敢不敢享受自己？”多少，也是因为不管你是和命运搏斗，还是被它驱赶或者接受、和解，其实你比谁都明白，命运是个结果罢了。

“你……敢不敢……享受自己……”

你

人生就是定义自己的过程，不停地贴着标签，然后标签就成了自己。一切行为和标签有关，于己无关。标签越多，你的人格越扭曲。你每一次找自己都需要一层层地、一个个地撕除标签，很痛很脏、无数的伤口。找张白纸，试着写下自己的标签，然后一项项地画掉，剩下的是什么样的自己？

不是让你赤裸裸如婴儿，只是让你明白，那些标签去除了，你一样可以是一个站着的人。怕就怕标签没了，人也没了，壳子般的人没有自我。

敢不敢

我们变得胆怯了，我们打着明天需要做什么的借口，在今天缩手缩脚。我们从来没有勇敢过，因为我们要么逆来顺受，要么心存侥幸。我们接受命运的安排，乐此不疲，但每一次的接受，都感觉自己是被迫的。其实你每一次选择看似容易的路，其结果一定是充满被社会欺骗的感觉，被压迫和虐待的无奈。

“敢”是个决定，也是一种选择，同样是一个开始，更是行动。你敢于选择的，才是你能承担的；你敢于看到自己的渴望，剩下的就是如何借助渴望力完成梦想。

享受自己

“你不能去学坏，但可以不太乖。”我们界定了我们能享受什么，在现在我们应该做什么，于是我们循规蹈矩、怨言四起。

但凡我们比较渴望和现实，觉得有一点差距，我们都不敢轻易放松自己。小小的享受，我们充满罪恶感。超出我们任何承受力的事物，我们都敬而远之。

我们经常会觉得，因为今天多吃了，明天长胖了，而忘了健康是运动来的；我们因为今天奢侈一下，不是担心明天没有饭吃，而是觉得自己不该去纵容自己。没有记得住的小幸福，哪有享受自己的乐趣？

你敢不敢享受自己

你是为了活下去还是快乐地活？你追赶这个社会，急匆匆地、踉踉跄跄、兵荒马乱。最后想想，你觉得是追赶社会的脚步，其实社会的脚步是让你驱赶得变快了。这个和你小时候玩追影子差不多。

你能享受的才是属于你自己的，不管是时间还是事物，还是感情，还是情绪。你享受不了记忆，那是老年人的勾当；你享受不到未来，未来是未来的模样；大致，你能享受的，充其量是现在的这一刻，你面对的，和你想面对的，你想做也能做的。

我有个朋友，超级喜欢花花草草，在城市的居所里，养了很多的花花草草。偶尔会给我发照片，漂亮的花，漂亮的彩色。

曾经介绍她去一些园艺市场，她会买买买，鲜花、种子、绿植。她说心情不好和心情最好的时候，她都会侍弄她的这些花草。她说，没事和花交流，花会长得很好，自己心情都会变好。

我开玩笑说，你真会享受自己。她说，她的梦想是有花园的房子，房子可以小，花园必须大。

不要把自己活成一个笑话

这是一个急性子的秋天，急匆匆地想结束，

于是一场场雨下下来，有了冬天的感觉。

雨是再正常不过的秋雨，连绵无歇；风是再普通不过的风，不大不小。都正常普通了，顶不住来个一周半个月，温度真的有点彻骨。街上的人们，穿多穿少都冷，没谁觉得自己穿对了，同时，看着别人的穿着都觉得诧异。

顾忌形象的人还琢磨着搭配，总恐得别人笑话。真冻坏的，要么过犹不及地套上羽绒了，要么就乱七八糟地穿着，起码不冷。

穿衣戴帽，各有喜好，但说起来，大多人担心别人如何看自己。其实按注意力心理讲，除非你一表人才或是无比丑陋，绝大多数时间没人关注你，但你唯恐别人笑话。大致来讲，你活着一方面希望人关注注意，一方面竭尽所能地不让别人笑话。

现代社会真的做到了，“挑战与机遇并存，希望与困难同在”，似乎人类过去几千年一个巴掌都数得过来的大变革，现在每天都在身边发生着。于是，我们的结局几乎都是悔意满满，毕竟这年代错失机遇，约等于自掘坟墓。

反正，现如今，爱怀念过往这事已经从老年人侵蚀到中年，甚至一堆年轻人，二三十正当年，也开始回念过往，唏嘘感叹，充满黑色喜剧的人生。

你毫无存在感，充满无力感，拖延症＋懒癌＋莫名其妙的烦躁，你渴望特立独行，却无比畏惧别人笑话。没谁想一辈子活成一个笑话，但检点过往的时候，大部分人都觉得自己像个笑话。

这个悖论很悲哀，但又是我们最大的必然。

我们渴望得到所在阶层的认可，却对逃离这个阶层拼尽全力。我们希望周遭和谐融洽，却无时无刻渴望逃离或炫耀。拥有一个有趣的灵魂是梦想，因为除了抄袭，你做一个有趣的人只剩下在朋友圈晒景色和美食。你畏惧别人笑话，只渴望别人羡慕，对他人嗤之以鼻，却对他人笑话你神经兮兮。你做的所有努力，只是为了逃离这个阶层。

我们渴望得到巨大的成功，却对任何的风险不能忍受，无法对应。根据社会的“熵理论”，利益一定是向稀缺资源流动的。我们深知稀缺意味着风险，巨大成功的背后一定是无法确知的危机。你没有任何危机公关的能力和承受力，成功对你是幻想，然后你就成了笑话。

我们总在复制他人的成功，希望踩着别人的脚步前进，却一次次地让自己跌倒。任何的成功都是独一无二的，你可以学习但不能复制。踩着别人的脚印，不是扯了蛋就是成了丫鬟碎步，自己绊倒自己比在同一地方跌倒更让人无语。

我们进行无数的无效社交、无效学习，却不愿面对自己的独处时间。我们浪费的时间精力，永远比我们努力的时间多。无效社交、无效学习，连宅在家里，你也不是独处，而是不停地消耗自己。安静地面对自己，安静地处置属于自己的时间。你要独立感爆棚，又想偷窥别人的生活，忘记边际界限。你不是笑话，你都不信。

我们最大的谎言是拥有梦想，最大的借口是“当下”不允许。梦想是用来实现的，唯一可借助的就是“当下”。如果你梦想无法达成的原因是“当下”不允许，其实你就没有梦想。你最大的安慰剂是梦想，你最大的毒药是当下浑浑噩噩。“当下”不允许的，就是你未来不可能的。

无界师父老的时候，徒弟们都喜欢和他打机锋。

“师父，你过去在哪个寺庙啊，师父是谁，都去过哪儿啊？”

“我去过我去过的地方就好，其他的都忘了。”

“师父，师父，都说你和别的师父不一样，到底是为什么啊？”

“因为是你这么看，我没觉得不一样。”

“师父，你过去能想到今天这样吗？”

“我过去想的今天就是今天的模样啊。”

“师父，师父，佛法你总说谁都学得到，谁也学不完，什么意思呢？”

“反正你今天还能学，反正你明天可能就学不了了。”

“师父，你没有过去吗？”

“因为我拥有现在啊。”

“师父，师父，你没有梦想吗？”

“因为我拥有现在啊。”

“师父，你怕别人笑话你吗？”

“你不笑话别人就好了啊。”

无界是个坏和尚！

我们笑话那些与我们不同的人，最后的收获就是自己笑话自己。

你还没有成功，是不是太努力了？

秋天已经让风雨不停歇地宣告它的存在，我们不知道秋天是怎么来的，夏天是怎么走的。我们总是在秋天来的时候，想起来夏天已经过去了。

中国人的思维一直很可爱，对事物“度”的把握无处不在。就说秋天吧，“秋浅”“秋深”，和春天的“早春”“晚春”相得益彰。

形容秋天总是和颜色有关的，想必是秋天的斑斓是一点点来的。一层秋雨，染了一些性子急的草木，那些有点耐心的，都慢慢地等着秋深。

东方思维么，第一，事物一定是有趋势、方向的；第二，一定有内在逻辑；第三，不管怎么也会有昭示的蛛丝马迹；第四，事物总是渐变的、结果未必能找到原因，但一定会有过程。所以，中国人骨子里的东西还是“天人合一”。

一个“天人合一”，中国人就拉近了和神佛的距离，中国人造神快、赶下来也快，反正谁做得好了都能成神成佛，这东西算中国人的发明之一，这点说起来比西方开明得多。

网络时代，造神容易得多。中国人耻于把金钱看得很重，但属于最明白钱和文凭、颜值、家世背景什么的一样，只有拥有了才能说那玩意儿不重要。但“成功＝金钱＝神”基本大家都认可。于是大家都很努力，或说不承认自己不努力。成功像好身材，你越努力似乎离你越远；失败倒像是赘肉，你都不吃不喝了，它还蹭蹭蹭地长。

***

也或许，你还没有成功，是不是因为自己太努力了？

你总是高估你的付出，也同样高估你应得的。我们不知道别人在做什么，付出了多少，再加上“二手车心理”，你总觉得自己的付出够多了，也足够努力了。同时还觉得别人不够努力，付出的不够多。结果就是，总觉得自己得到的和应得的差太远。你不愿意承认，你的努力连平均水平都达不到，你得到的已经是最好的回报了。

你的工作任何人都可以替代，你凭什么成功？我们没有经历过生产流水线对于手工业的摧毁，但网络时代，过去貌似永远不会被流水线替代的岗位，如今因为流程、模式、数据分析、规范、标准等等所改变，连企业的中层管理人员，过去认为最核心的岗位，也变得随时可以找人替代。偶尔想想，自己的位置换个人有多大差异，就知道自己的价值所在了。

等待老板的认同，跟等待施舍差不多。你永远记住，你努力的是想做到你的岗位无人可替代，而老板永远营造的是谁走都可以的环境。你期望得到的认同永远不会来，在没有合伙制和给与股份的情况下，老板口头上认同你的价值，却又没有实际行动时，你大致可以另寻出路了。

具有能力的时候再说能力不重要。我们看着周边的人飞黄腾达、吃香喝辣，我们最容易得出的结论就是能力不重要。拥有社会普遍认可的能力才是能力，不是你认为的能力才是能力。要么你有独门秘籍，要么你永远要操练你的能力。在拥有能力的时候，再说能力不重要，在成功前永远要坚信，能力是成功的必需品。

复制成功基本等同于复制失败。成功学是鸡汤的另外一个马甲，连你自己谈起过去的经历，也会把苦难描述得很深重，把努力描述得足够坚持，把机缘巧合描述成理所应当，一样不承认自己的侥幸所得。何况那些已然把自己经历描述成神话的成功者？复制谁的成功都等同于复制失败，时移势易，别人站在潮头，你在低谷仰望，还是先学会游泳的好。

你的能力体现在让别人帮你做事上，而不是你一个人能做多好。你可以是万金油，也可以是多面手，但你永远不可能一个人包打天下。你可以懂，不必去做，最关键的是你能否调动尽可能多的资源帮你去做。成功一定是从专业向管理专业的过渡，也一定是把自己从工具化变成操作者的过渡。

机会和背景真的很重要，你能操练的只有选择的能力。你不用自怨自艾，因为有背景和拥有机会的人，才有权利去怨天尤人。当你没有背景和错失机会的时候，你唯一能做的，就是学习选择的能力，用选择的能力抵消你背景的单薄和机会的错失。人生没有什么跃迁，真正的跃迁除了能力，更多是选择的正确。

你开始停止学习，就是你开始失败。有人问现代社会里，最显而易见的失败如何察觉？答案就是：停止学习。不需要每一天去自省，只需要每一周想想自己又学习到什么。如果在信息爆炸的今天，你一周都没有学到什么新的东西，失败不就是你脸上的刺青吗？

***

今天的窗外，秋天已经让风雨不停歇地宣告它的存在，我们不知道秋天是怎么来的，夏天是怎么走的。我们总是在秋天来的时候，想起来夏天已经过去了。

这个和成功差不多，或许我们太努力了，忘了成功应该是怎么来的。

你以为的生活方式，只是自我贴的标签

今日溽热，挨过中午了，黑云压城，电闪雷鸣，下了场不大不小的暴雨。快要停的时候想，这个节奏该有彩虹了，等了一会儿，没见彩虹。漫天还是黑黝黝的云彩，只是离地高了些。有些失望，那种感觉就像，铁定能等来的人，没等到，被失约后的沮丧。虽然自己最讨厌被人认定会怎么做、是什么样的人，但一场雨，自己就瞎觉得该是什么样才是对的。

1

前几日，一个朋友想做个创意产品，是组合坚果类的。然后问我，怎么样才能创新、创立、发展，我说你想大火还是玩票。答案自然是大火了。

于是我说，玩票的方式简单，模仿行业优势品牌，立足价格低、品质好，人家做什么你做什么，连创意概念都“抄”，落个温饱没什么问题。

偏偏朋友的信念还是蛮大的，还是希望能做成点事情，让我给个意见。我说简单啊，要么你给产品贴标签，要么你给你的顾客群贴标签。

贴标签？

给产品贴标签：这个产品拥有其他产品没有的特性，而这种特性又是客户无比需要的，甚至你创造出一种需求。

给客户贴标签：什么样的顾客群必须需要你的产品，既对他的生活带来好的影响，又能变成他生活方式的一部分，是与社会其他人群区分的一种标志。

2

庄周梦蝶，子非鱼。我们厌烦别人对我们的定义，我们自认为无比独立、独一无二。任何人对我们任何的界定，我们都如被刺痛般地跳起，用最激烈的语言反击，又无非是那几句话：

你不是我，你怎么知道我是什么样的，怎么想的。

你知道我每天都在干什么，做什么？

你不懂我，我是谁我知道。

我有我的生活方式，我一定不是你想的那样。

我不要成为你想要的那样，我要成为我想要的样子。

……

我们拒绝一切别人给我们贴的标签，我们想成为活生生的人。可惜的是，我们的时代看似一个创新的时代，其实是个复制粘贴的生产线。需求被创造出来，然后批量地去满足，用所谓最独立的想法贴上“必须拥有”的标签，然后习以为常，然后被厌倦和抛弃。

3

网络时代最大的善意是提供给你尽可能多的信息，最大的恶意是几乎所有的软件都在揣测你的喜好、给你无穷多你自己觉得关注的东西。于是，以为我们拥有的信息越多我们越客观理性、中立持平，到最后信息越多我们越偏执、也越狭隘、更加自以为是。

不管是我们搜索信息还是寻找事物，网络带给你的，都是分析过你曾经爱好和经历的信息，于是你欣欣然觉得网络的观点和喜好都如你一般，自己无比正确，“三观”标准，却想不到大数据这个恶魔在背后邪恶地大笑。

于是你无比辛苦寻找的生活方式、独有的生活，最终也无非是你从网络上复制，粘贴到你的生活。你拒绝的一切标签，都摇身一变，变成其他的模样，贴在了你的身上，而且更牢靠，也更醒目。

我们在拒绝一切别人给贴的标签时，为了抗拒、为了与众不同、为了反击，我们贴上属于自己的标签，还美其名曰“生活方式”。我们不是因为关注自我，变得更开放、更包容、更坚定……反而，我们因为关注自我，变得更偏执、更固化、更摇摆……

你能接受、接纳多大的不同，才能变得更加与众不同，这才是生活方式的定义吧。小心这个时代，网络的时代看似谄媚地提供给你一切你喜欢的信息，但最终一定将你变得没那么包容和没那么开放。不过无论如何我们都该学会感谢这个时代，足够多的信息，可以让你学习、让你创新、让你发现。

4

时刻冥想一个问题，是你在改变你自己，还是谁在改变你自己。没谁刻意地改变你，因为你不值得，只有自己在给自己贴不同的标签。

我们像一只机场的旅行箱，贴满了行李签，让别人知道我们从哪里来、去过哪里、要去哪里。我们不是懒得去揭除那些标签，我们在若有若无地炫耀，我们既怕别人知道我们从哪里来到哪里去，我们又暗暗地想告诉别人我们的人生和经历。

不知道自己的人生是哪一只行李箱还是哪些标签，我们能不能保持行李箱的完整和洁净，永远只有这一段里程的标签。你是哪一只行李箱和行李箱里的物件，和哪些标签一毛钱关系都没有。

偶尔看着手机，试着想今天看到的信息是否似曾相识，是否自己真的关注，是否自己已经给自己贴了足够的标签？试着回想自己的朋友圈，自己发的朋友圈是否都是一个腔调？是否能明白，自己的所谓独立和特立独行，最多是自己给自己贴的标签。

忘记生活方式吧，你要的是生活。贴标签没什么大不了，记得不变成文身、不在标签上累积标签就行。

渴望力：让人生跃迁的力量

你渴望的才是你能达成的，而你所有的力量，都来自于渴望力。

可能因为阅历和年纪的缘故，偶尔从人的言行中，可以略略判断出性格和潜台词。有些年轻人遇到纠结或不清楚的状态，偶尔会来“德叔”这讨教。

“秋”近期遇到职业选择问题，一个是创业的艰辛，一个是行业内的高薪诚聘。创业也有一两年了，也参加了一些行业培训和创业孵化。自己继续自己的创业，衣食无忧，生活惬意。

但按着佛教话讲，“愿力”越来越弱，离自己原始的想法差异大了些。遇到一个行业里的老板，老板一直想把自己的事业做大，于是乎诚意满满地想招募“秋”。

人到面临选择了，欲望和恐惧几乎是同时出现的，“秋”也不例外。抛开沉没成本、惯性思维，我们的恐惧一定来自于机会成本和欲望的大小。一般来讲，只有现实利益差异较大的时候，你会毫不犹豫地选择。否则，你需要面对的是舍弃当下的利益，选择一个未来的预期利益。

这个和牛顿的经典物理学相似，惯性、速度、加速度，似乎很多东西都有预期，改变矢量难度很大。这也能解释，绝大多数的人在绝大多数的时间里，都是惯性般地生存着。

“秋”到我这诉苦，大致讲了些选择可能面临的优缺点，剩下都是对未来的恐惧和转换身份后他人可能的非议。于是我说他，缺乏“渴望力”。

“渴望力？”

“对呀，渴望力！”

渴望力是当你决定做一件事情、或拥有了一个梦想，除了愿望之外，你的“简化目标的能力 + 专注力 + 改变力 + 钝感 + 激发力 + 止思”的综合能力。

我们很容易拥有梦想，我们也信誓旦旦地愿意为梦想付出（我们姑且称之为愿力），但我们无一例外地把梦想复杂化，集中不了精神，缺乏行动，认为无须改变，对于些微的挫折神经过敏，永远学不会如何激发自己的潜力。

我们不妨拿“秋”做个例子。

简化目标的能力。我们擅长赋予梦想最多的含义，似乎含义越多，自己越有力量。这其实相当于给予梦想许多量化的指标，指标越多，你满意度越差，你的选择越犹豫。“秋”的短板在于没有高层管理经验，在创业中面对的都是格局、管理、团队建设问题，毫无疑问一段时间的高管经历对他只有好处没有坏处。而附加了如收入比较、自由度比较、正规化管理的压迫感等等，只会出现选择误判的问题。

专注力。我们无一例外地希望能两全其美，或是脚踩两只船。一方面保留一些其他的机会，一方面貌似掌握主动权。但只要注意力不集中，你必然对日常的工作有疏忽，耐受力也差了许多。我们要学会专注于当下的事情，把当下的事情当作最重要的事情去做。“秋”应该专注于短板的修补，专注于复合能力的提高，而忘掉现在的创业。

改变力。静止物体要移动，首先要克服静摩擦的问题。运动物体要改变轨迹，一样要解决惯性问题。所有的选择，都需要改变，没有改变谈不上选择。我们在每一次选择的时候，却希望既保留过去的习惯，又产生新的变化。于是“秋”既想着自己的生活不被打乱，又充分享受新机会带来的进步。面对任何一次选择，你必须首先确认需要改变什么，这个改变自己是否能做到。

钝感。我们以为每次选择的结果一定是阳光明媚，一路坦途。但其实，每一次的选择，期初都是一种煎熬和压迫，没有丝毫的获得感，甚至一直一直是损失感和被指摘。付出和回报的时间差，新事物造成的学习困难和损失厌恶，总是如影随形。“秋”必须改变掉敏感的毛病，增加自己的钝感，将敏感转化成敏锐，才能更好地面对新的环境。

激发力。我们总在事后发现原来我们有那么大的热情、精力、耐受力，这个“事后发现”，是我们不能调动内在潜力的最好证据。不管是身体、大脑，你的精力和思维，潜力巨大却被情绪和暗示所左右。如何激发现在的力量，是每一个人必须学习的。要坚信自己可以，坚信可以迸发更大的内在力量。“秋”将自我的能力状态一直调整在平均值上，激发力同样成为了关键。

止思。过度思考是现代人的通病，而我们最常过度的地方是，推理可能的结果和他人的思维。我们也习惯于忽视事物行进间可能的变化，和自己如何利用机会、节点在界定和推导结果。世界唯一不变的是变化，一个人的能力体现在遇到事物的处置办法和反应，而不是事前能否思考完备。“秋”应该利用冥想、瑜伽等止思方式，构建大脑思维的平静和随时反应的状态。

“渴望力”是我一时想起的词儿，所有的存在感、获得感，都来自于渴望力的培育、锻炼和激发。同样的，渴望力也是解决无力感、选择综合征的利器。

你渴望的才是你能达成的，而你所有的力量，都来自于渴望力。

用渴望力战胜焦虑

没有“渴望力”，你几乎没有未来。

我这辈子值得自豪的事情不多，倒是有一点很多人羡慕。打我记事起，我没有失眠过。和朋友们讲起这个，无非两种情形，一种是羡慕，一种是骂我没心没肺。

这是一个属于焦虑的时代，不是社会跑得多快，更多的是我们没有方向的奔跑，有理有据的焦虑。每天都能看到初升的太阳，晨曦很美，不是因为我们足够努力，而是因为夜晚无法入眠。最知晓夜半两三点街道多么孤独的人，不是那些勤奋的人，而是辗转反侧无法入眠的主儿。

过去的人焦虑是对未来的担心，现如今的焦虑短暂到只要想起下一秒或下一个小时要做的事情，或说明天要做的事情，就焦虑得呼吸急促、心跳加快、无穷思绪。焦虑的人无法控制自己的大脑，也无法控制自己的身体，貌似体内有个另外的“我”在左右这一切，而真正的“我”却只能袖手旁观、束手无策。

我们以为多做一些事情，就能减轻焦虑，于是漫无目的地把时间塞满。但结果是我们不能停下来，只要停下来，我们的焦虑感更强、更严重。我们假装忙碌，然后埋怨忙碌，然后不停焦虑。

我们用看似无比重要的事情，去逃避我们真正需要做的事情，然后充满阴谋论地断言，这个世界无比恶意地对待自己。受迫害妄想症，是这个世界的常态，我们的焦虑除了对自己无法掌控和极度不满意之外，更多的就是归罪于社会的迫害。

我们的焦虑注定伴随我们的一生吗？有没有可能减轻这样的焦虑？

利用“渴望力”未尝不是一种好办法。

***

利用“渴望力”强化自我认知。我们普遍觉得，现在的状态不是我想要的，于是我们内心永远存在着“一个梦想里的自我”和“一个现实的自我”。差异越大，我们越焦虑、越痛苦。于是我们不仅比较自我和其他人的差异，我们还在比较现实的自己和梦想的自己之间的差异。利用“渴望力”既能弥补梦想和现实的差距，而且因为“渴望力”让你更专注于当下，减少了与他人的比较。

利用“渴望力”消除不确定感。如果目标清晰、结果可量化，我们的不确定感就会降低。漫无目的四处游荡，总让我们随时充满不确定感。而“渴望力”因为明确的目标和较长时间段的方向明确，都能很好地消除这种不确定感。充满渴望并目的明确，会让“自我”感知目的感，心无旁骛的时候总是焦虑感减轻的时候。而越是强烈的“渴望力”，越让自我感知结果的可期，自然而然，焦虑也就消失了。

利用“渴望力”战胜无力感。我们大多数人都是事物驱动型或是感觉自己被社会裹挟着走，无力感是造成焦虑的重要原因之一。我们每一次的妥协，都增加自己一分无力感。而同样的事情，在你拥有“渴望力”的存在时，你会认定是为了完成目标而必须经历的；在你没有“渴望力”时，你一定觉得自身无比无力，对待事物没有任何的掌控和主动权。

利用“渴望力”消除受迫害妄想症。其实每个人都很清楚，这个社会不会刻意针对某个人，道理很简单，你太普通和太平凡。但我们大多数人都会有受迫害妄想症，觉得我们已经谨小慎微、无比努力，仍旧被这个世界恶意对待。其实内里的原因很简单，因为我们没有“渴望力”，没有足够的理由去接受自己以为的不公。你越渴望，你行动得越坚决，你越不会感觉社会在迫害你。

利用“渴望力”让自我安静而充满力量。“止思”是现代人必须面对的问题，否则也不会有那么多的修心或禅修热门。但焦虑永远和思考有关，无效思考或无法控制的思维过程是造成我们焦虑的罪魁祸首。“渴望力”让你变得更加专注，也更加安静，让我们不再在“不是无暇思考”就是“过度焦虑”之间摇摆不定。越坚定越安静，越安静越充满力量。

***

我有个朋友，是做餐饮的，他对我“渴望力”里的“止思”很感兴趣。

他餐馆经营得不错，环境也打造得很“小资+休闲”。但餐饮业永远和“流水”有关，相关数据的起伏，让他很焦虑。他不得不沉迷于增加新的菜品，以便满足对“流水”的要求。

我告诉他，长此以往，你只会越来越焦虑，因为你没有足够的“渴望力”在餐馆的经营上。你最大的目标和结果是餐馆经营变好，而不是更多的新菜、更多的消耗，而你的“渴望力”应该围绕这个目标。

***

冬天来的时候，因为阳光和寒冷的原因，焦虑会越来越强烈。这个也和一年行将结束，需要盘点过去和展望新的一年有关。

前几日朋友教育我，“学不会止损就赢不了未来”。我想加上一句的是，没有“渴望力”，你几乎没有未来。

大叔还是那个大叔，世界已经不是那个世界

秋天之后，大地都会荒芜起来，冷酷起来。

于是，大叔惶恐着，大叔惴惴不安，大叔捉襟见肘。

不过，有一种作物叫冬小麦，那是秋天种的，来年会有收获。

北方秋天来的时候，总不会悄无声息，多是下过几场雨，还是不同类型的雨，暴雨、夜雨、烟雨，然后温度就降下来了。

秋天的雨，是可以听的，不似夏天暴雨的喧闹，不似春雨无声的润泽。来杯茶，斜倚着窗，耳朵听着雨声，眼就眯起来。风从半开的窗子里挤进来，跑得也不快，皮肤感受得到掠过的凉意和微微舒爽。

你突然觉得有点累，但不知道哪一块累。有点不得劲儿，有些别别扭扭，你知道没什么问题，那种紧绷着却也无力的感觉很不好。但你会告诉自己，我能怎样，我还能怎样？

一瞬间，你觉得世界都是自己的，下一瞬间，你觉得自己守住自己就不错了。大叔，中年大叔，秋天来了。

秋天来了，天气凉了，还是天气凉了，秋天来了？这个和中年大叔的疑惑差不多，不知道是年纪到了，就成了大叔，还是大叔模样出来了，就到了中年。

世界很无情，矫情最无力。中年大叔爱矫情，怕是后悔自己当初的青春虚度，现在的情境无奈，未来的恐惧未知。奇妙的是，我们没听说过童年危机、少年危机、青年危机，怎么到了中年就只剩下“危机”了？

我们分析需求必找马斯洛，学习总结少不得金字塔，真到了自身、环境，SWOT 能烂了大街。按着“危机”两字看，没有优势、没有机会，就剩劣势、威胁了。

***

大叔骨子里是怕失去。大叔不怕得不到，就怕已有的失去。每一次计算“沉没成本”的结果，“损失厌恶”就越来越强。大叔几乎每天都算计自己拥有什么，什么不能失去，自己还能坚持多久。职场博弈、生意搏杀、养生锻炼……其实都是怕失去吧。

大叔骨子里是不改变。风格是什么？风格是固化。老戏骨是演什么是什么，道行不深的大叔，最多是演什么都那球样。标签都是自己贴的，贴得还很牢靠，撕任何一张都伤筋动骨，血呼啦子。

大叔能找一百种理由不改变，却永远不找一个理由去改变。

大叔骨子里没有存在感。大叔是个责任大于存在的人，他被各类责任所描述，岗责清晰，体系完善。但大叔总觉得，换个谁在那个岗位，又如何。于是乎，大叔最爱找自己，玩个文玩、当个驴友、品个茶叶、同学聚个会、玩个微信群……找点存在感。

大叔的孤独都是自己作的。大叔爱孤独，摆出一副孤独至死的模样，花样作死。大叔没有懂得他的人，“你不懂我”是口头禅。关键是，他连自己也不甚懂，豪情万丈与万念俱灰同时存在，无比孤独与呼朋唤友齐飞。他有无数的圈子，却没有懂自己的人。

大叔骨子里已经放弃选择。谁都知道选择是一种能力，也是一种存在，但大叔们已经放弃选择，等着世界在蹂躏完他，赏点小费，替他选择。大叔是自己放弃选择的，因为每一次选择都是考量或被迫的，压根没有问自己，是否自己心甘情愿。

大叔骨子里是否定自己的。大叔都是无比自信与无比自卑的，他们敏感得无以复加，蛛丝马迹里、只言片语里评估别人对自己的看法，猜测自己在对方或团队里的地位。他审视过去大多数都是后悔，审视今天总那么令人失望，未来不敢看不敢想。在否定自己的思想里，自噬且上瘾。

大叔骨子里是不信任世界的。在悲观的世界要做一个乐观的人，大叔是彻底不信任这个世界。大叔很礼貌，但是假惺惺。大叔学不会温柔平等地看待他人，不是佝偻着看路，就是仰望着天空。他们不信任他人，连自己也不信任。他们能做到社会赞赏的一切，却压根不是发自内心。

大叔骨子里假理性、假矫情。最浓的鸡汤一定是大叔熬的，最失去常识论的假理性也是大叔最爱做的。矫情都是给人看的，自己压根都不信，既不相信能补身体，也不相信能涤荡心灵。但大叔不矫情谁喜欢啊，大叔不假理性咋能唬住人呢？于是乎，语出成章，毫无常识。

***

秋天五彩斑斓、天高云淡，收获的季节里，自然习惯性地计较得失。总要寻找收获的得失，哪里有问题，下次怎么办。“只有人亏地，没有地亏人”，但多数时间，大叔能找到最多的理由证明自己的正确，世界的残酷。

秋天之后，大地都会荒芜起来，冷酷起来。于是，大叔惶恐着，大叔惴惴不安，大叔捉襟见肘。

不过，有一种作物叫冬小麦，那是秋天种的，来年会有收获。

我的信仰会不会成为你的笑话

风起黄叶落，岸尽秋水长；

孤客马嘶嘶，回望亦枉然。

人怕中秋月怕半，秋天到来的时候，人总是惴惴不安的。

一直想换个 IP，换个马甲写东西，那天读到清朝得舆的《京都竹枝词》：“开谈不说《红楼梦》，读尽诗书也枉然。一曲红楼多少梦，情天情海幻情身。”有点“曲终人散终须散，情到无时亦枉然”，天地悠悠、怆然涕下的味道。然后觉得“亦枉然”不错，然后的然后，惊觉，一百个情愿和不情愿之后，我还是到了中年。

做一个“于人有用，于己有趣”的人一直是我的人生目标。于是类似可以提升这两点的说法，我都蛮在意。那天一个朋友说，到了中年不惹人讨厌，起码要做到三点：一不公开谈论“性”；二不回忆过去；三不教人做人。

看似简单，背后的东西无非是：一，尊重女性就是尊重自己，毕竟这个世界上所有的人都是女性生的；二，开始热衷于回忆过去，就是对未来的绝望；三，世界是靠常识推动的，你只需要告诉别人常识就行，如何做人是别人自己的事情。

中年人能坚守这三点，估摸着都还撑着一口气，砥砺前行中。最近流行“三观”学说，大约是说，“三观”不正或是缺失，这样的人大致人格都有缺陷，还是少交往的好；至于到了“三观”不合，略接近水火不容，那不管是恋情、婚姻、朋友、合伙人、同事，还是闪得远些安全。

但真的到了中年，自己却宁可相信：你能坚守的和你能包容的，才是你的信仰，而你的信仰才决定了你的“三观”。

信仰不是宗教，也不是主义，也不尽然是“三观”。只是你面对世界，面对自己，面对世界和自己的关系时，一套行之有效的反应、反馈机制。神佛不论，主义不争，“三观”自守，真到了信仰，大约也就那几点吧。

***

常识比智商、情商重要。世界的运转是符合常识的，任何生造的因果或是自以为圆满的逻辑，在常识面前都弱不禁风、不堪一击。情商让我们拥有人脉，智商让我们最大限度获取利益，但常识才是我们避免危机的根本。

选择比努力重要。人生几乎没有水到渠成，瓜熟蒂落。任何一次选择都可能是跃升也可能是跌落，时代总是一波波的浪头起来，做不了弄潮儿，但也别在低谷的状态下起跳。而每一次的跃升，都来自于选择，而不在于万事皆备。

你坚守的让你成为什么样的人，你包容的让你成就多大的事儿。看一个人的性格，只需看他坚守的底线。看一个人是否能成事儿，看他能包容什么样的人。没有底线可以让你占尽便宜，无法容忍容物容事，可以让你显得无比犀利，但结果就是一次次的失败。

保护自己、善待他人。你愿意受伤还扛得住是性格，但永远记得要坚守自己的底线和避免受伤，底线本身就是一种保护。善良拯救危机，保持善良才可能感同身受，才可能共情通感，善待他人最大的受益者永远是自己。不能保护自己的善良是伪善良，善待他人寻求回报的善良是假命题。

你普通得不能再普通了。人喜欢自认为独一无二，但在统计学上讲，独特一定是人群钟型曲线的两端。如果你真的很独特，那你就是怪胎，你却永远不会承认自己是怪胎。你自以为的独一无二其实就是普普通通，包括你自认为辉煌或凄惨的过去。

正能量和气场是你最能依凭的力量。环境的和谐，永远比环境内人的能力更重要。愉悦来自于环境气氛，享受自己，并让周边快乐起来，你的气场、你的人脉都来自于此，吸引力是个伪命题，但正能量、保证自己正螺旋的上升，永远没错，也充满能量。

不要陷入情境、学会无我思维。永远不要刷存在感，每一次刷存在感，你都会感觉被伤害，因为你没那么重要，也没有那么值得关注。你总在你应该得到的回报与实际回报里看到无穷的落差，你做的事情你愉悦即可，你不愉悦你放弃，但计算回报时，尝试一下“无我思维”。

安静是一种巨大的力量。当青春不再是你依靠的力量，那唯有借助安静，才能真正获取能量。一个不能独处，一个不能安静做事，一个不能在危机面前保持沉静的人，他一定是脆弱和不值得信任的。

***

最终，我还是决定不要换 IP 了。换个马甲，我还是我，任何依靠形式决定内容和情境的，都还没有修行到位。我的信仰，你看得如个笑话，而你能，微笑，沉默不语，那就是你的修行。

风起黄叶落，岸尽秋水长；
孤客马嘶嘶，回望亦枉然。

谁不曾年少春衫薄

年轮记忆着过去，清晰而明确，不管是孱弱或茁壮，一道道地，没有缺失与忘却，也记录每一年的荣辱风雨。

一直很想成为一棵树。

年轮记忆着过去，清晰而明确，不管是孱弱或茁壮，一道道地，没有缺失与忘却，也记录每一年的荣辱风雨。那日坐在青华山山顶一个苍老的树桩上，秋云悠忽，山风匆匆，天蓝近到可触。忽而就有些怅然起来，四周的鸟语或人声，瞬间遥远了。因着这个树桩，感觉与遥远的过去热络交谈。

有一段时间了，有点累，在这个初秋，多了些物是人非与年龄增长的负担。一直认为，总是咀嚼记忆的人不是老了就是对未来没有期盼了。既然如此，不如成为一棵树，可以细细辨别过去的点滴。

青华山顶有一棵大树，长在绝顶的石缝里，虬龙般，记录的是挣扎与不屈，还有内心那一点点的倔强与好胜，郁郁葱葱。百年一瞬，此刻却是美丽着自己的美丽。这棵树的年轮里记载了什么呢？四季的轮回，它记录在自己的内心，随着风霜雨雪的飘摇，它还之以深绿满树，开花、结果。虫虫们的生活、蛇与鹰的盘桓，它静静地看了多少。最是那些站在面前的人们啊，朝拜的、观光的、虔诚的、征服的，这是绝顶，于是该是些所谓的胜利者，哪怕是来寻死的，也是绝顶一跃，多些执着与坚定……树还是树，记录该记录的，忘记该忘记的，活的还是那棵树。这是树告诉我的，也是我要告诉自己的。

于是，自己快乐起来了，每个人都是一棵树，年轮永远有，花永远要开，四季永远要经过。

很小的时候，奶奶养花。有一棵很是恹恹的月季，花开很小或寂寞地不理四季。奶奶很用心地呵护它，但总不见起色。一天，奶奶终于放弃了，跟我念叨："这棵月季自己不想活了，由它去吧。"那一天我才知道，原来花草也有不愿意活的，它不想活了，也就活不了了。不想快乐了，是不是也就快乐不了了？

青华山顶有卧佛，算来也是几千年的摩崖，沉睡的佛相庄严、恬静、沉稳，睡了几千年了，接受着太多的朝奉与指责，风雨风化，倒多了几分沧桑与庄严。静穆之所，禁言噤声，佛的沉睡与门前的苍天大树，倒是登对得一塌糊涂。动静之间，沉睡与摇曳里，禅意禅悟也就在这一瞬间。那这棵树曾想过是否要活，是否要快乐吗？还是就是一棵树，该快乐快乐，该成长成长？

不探讨人生怎么样是一瞬，很容易虚无；不探究来世需要今生的修行，今生要还上世的业障，很容易宿命。我们是一棵树，四季里活着，记录着过去，只要曾经没有什么让我们死亡，我们就是一棵树，好看与否，活着就是快乐，也必须快乐。除了自己决定死去或不得不死去，我还是一棵树。站在佛前论道，站在路边行道，站在森林活着群体的快乐，一棵树而已，你是，我也是。

很多的树自己不想活了，很多的树现在不想快乐了，其实过得几年，年轮上记载的也就是有些贫瘠的一道线而已，自己看起来都会有一丝笑意的。做一棵树，似乎就是要完成自己年轮的一步步刻画，只要春天还能发出新芽，那就能在年轮上再画上新的印记。

我只想我是寂寂角落的一棵树，不好看也难堪大用，不开花也不结果，但要是一棵快乐的树。

不争，也有属于自己的世界

不属于自己的人生，也没必要诘问，我来自哪里，去向哪里，我是谁。从别人那里来，去别人那里去，我是别人眼里的我。答案超简单，也就超凄凉、萧索。

北方的春天，总是和清风，总是和阳光有关。清风摇动树枝，不再感觉到萧瑟；阳光照下来，不再那么暧昧和与你毫不相干的时候，春天该是到了。

迎春努力自顾自地开着，等着别的花开，好延续春天的昭示。当你知道，春天会在一夜就斑斓、喧闹的时候，惴惴等待和满怀期望的时候，春其实已经来了。

俗话说“泥菩萨过江，自身难保”，中国人的戏谑掩藏在历史厚重的面具之下，知道是个泥偶，不表示我不虔诚地拜。但也知道，你毕竟出水两脚泥，也没有清者自清、浊者自浊的本事。

一个民族和文化，点滴微细的现在，都能在历史里引经据典，找到案例，现代的人真是痛苦。人生不再是创新，而是片段的粘贴和复制，甚至是造假的时候，这个人生也无味得很，咀嚼过的馒头也好，山珍海味也好，牙都懒得动了。

无论你做什么，前边永远有各类的仰止高峰。你开始做的，必是一种变种而已；你成功的，必是借鉴而来；你失败的，早就有案牍可查；你所思你所想，顶多是个百衲衣，五彩斑斓、缝缝补补、材质复杂。盛唐之后无好诗，两宋之后无好词……连诗仙李白都感叹“眼前有景道不得，崔颢题诗在上头”……林林总总，让人很是沮丧。

一直在做着营销管理的工作，人生重复得厉害，厌倦到经常。人性本无善恶，营销归根结底，利用人性而已。利用善也好，利用恶也好，也仅仅是个标准，被利用的人生就是善恶昭彰了。一善一菩提，一恶一地狱。双赢，也无非是人性分了善恶后的妥协而已。

及至营销人生，打着善恶的标准答案，即如禅宗佛学里常讲的，经论修行本身是个工具或是一种途径，为了终证佛法而已，但你要把工具和途径当作佛法，怕是把混沌当作了习惯和宿命，买椟还珠。

春初繁花，草长莺飞，踏青归来，总是衣履携香，泥气芬芳。但人生是渴望穿越一条大河的小溪而已，你又如何能保证穿越后还有自我呢？

一桥飞架南北，河上河，飞虹卧波，互不干扰，我流淌我的，你流淌你的。穿过这条河，我还是我，你还是你。我延续我的人生，不会变色，不会浑浊，最关键，我不被改变和强行杂交。恰如南山隐士，得道高僧。世俗无碍，但是我不介入。人世流转，世界殊异，春在清风心在莲花。这是人生的梦想。

或许，我急冲冲地冲入这条河流，不仅能做到泾渭分明，还可以穿越而过。不管这条河流如何藏污纳垢，我依旧可以凭借热情、凭借努力、凭借机遇、凭借上天的怜悯、凭借坚持和坚守，依然故我的纯洁。处女情结，完美主义，天之骄子必被垂怜。我不改变世界，世界也不要改变我，我只是跟世界共处一段时空而已。这是人生的幻想。

更或许，直如特修斯之船，我人生的小溪穿越了这条河流，或许我瘦了，或许我离开了原先定下的彼岸之点，或许我胖了，或许我不洁净了，或许我更纯洁了，或许我面目全非，已无多少原先的水流了……只是，只是我穿过了这个河流，我保持了我的方向，我可以奔着我的目标而去。这是人生的理想。

大多数，我们涓涓细流汇入社会的大河，随波逐流，近朱者赤，近墨者黑。太多的人生，期望去改变别人，改变生活，最终都是被生活改变。社会的目标就是你的目标，别人的标准就是你的标准，你其实没有被改变，只是被同化。说着别人的话，干着别人的事情，成就着别人眼里的自我，在意着别人的在意。汪洋大海等着我们，我们或许抽空盘桓过，也急流勇进过，也曾驻足停留赏赏沿途的春秋斑斓。宿命也好，机缘也罢，那个海洋，耐心等待你。这才是我们的生活？

人生不是薛定谔的猫，纠结到恨不得把大脑毁掉，生死在任何一刻都未卜。人生该是，那条渴望穿越河流的小溪，唯一的坚守无非是持续改进，衍变创新。一生只有一次的东西是当下。幻想也好，理想也好，甚而梦想也好，无非想给社会昭彰自己的存在，或者能够留在未来的人的记忆里。但，及至达成，或许发现，仅仅是一次深呼吸而已，只不过不仅是身体的，大脑的，还是心的。

人总是要活着，而不是活过。行进属于别人的人生，或复制、粘贴社会的碎片，那样的人生属于别人，不属于自己。总不能一直以为自己在行进自己，原来自己在行进别人。不属于自己的人生，也没必要诘问，我来自哪里，去向哪里，我是谁。从别人那里来，去别人那里去，我是别人眼里的我。答案超简单，也就超凄凉、萧索。

穿过社会这条河流，目标已然清晰可辨，背后的喧闹熙攘，渐行渐远，前边的土地干涸渴望。自我的这条小溪，冲刷着人生的蛮荒，浸润着万物的亲和，远方的大海不可知、不可见、不可期，或许永远达不到，或许就在不远的前方。此生的轮回和下世的消业，是信仰，也是戏谑。嗔恨心不毁善根，当下的我如水流动。你现在做了什么，比你过去曾经做了什么重要得多，也比你未来准备做什么重要得多。

春天毕竟来了。阳光在春天初发的柳枝里，来来往往。

做自己是件有点孤独的事

人总是怀旧和经验主义，也总是充满幻想和期待。

人总是害怕孤独，也总是自危于淹没在滚滚人流之中。于是自我先分裂开来，在内心深处争斗不已。

觉得这个世界正常的人已经非常少了，偶尔，某个人说现在的时代是多么诱人和斑斓，多么正常，一定有人站出来说他（她）非正常。什么是正常，什么是非常，什么又是非正常呢？

正常本来如规范，是平均数的一个总结、归纳，代表了绝大多数和一定的计算。我们也听惯了“百年一遇”“千年一遇”的说辞，也无非一很符合这个平均数和标准，二代表以非正常做个推脱。至于今天铺天盖地的“非主流”，其实言下之意，顶多也就是个非正常，因为主流嘛，似乎就是正常的，“非主流”怕也就跟非正常脱不了干系吧。

这个“非常”，词的利用率太高，褒贬不一，得看用在什么地方了，这个词很适合中国人的胃口。那天才知道，在佛教词汇里，“非常”竟有“无常”的意思，一个“非常”就够博大精深的。但除了那个佛教的意思，还是脱不了与正常的区别的意思吧。

网络时代信息泛滥，自从有了“粘贴、剪切、复制”，再靠着个搜索引擎，人们不是更独立了，倒是更没有个人思维了。等到PS出现，连眼睛都不敢信得太多。那个泡在网络上的美国人，克里斯·安德森又折腾出个长尾理论，这个网络时代的正常也就岌岌可危了。

人总是怀旧和经验主义，也总是充满幻想和期待。人总是害怕孤独，也总是自危于淹没在滚滚人流之中。于是自我先分裂开来，在内心深处争斗不已。有个非正常人类的公式定义：普通人＜非正常人类≤超人类，且≠精神病人。我看了，蛮哑然的，“非主流”还把自己看得比较平等，大不了是异于所谓的正常。这个非正常，把自己都幻化成优等种族了，马上要飞升的意味。

物欲横流的时代，感情、头脑跟物质区别不大。前些日子坐飞机，总是晚点，那个“非正常”已经变成了“正常”，而“正常”一次你都会觉得“非正常”。至于权力财色，抛开了黑暗的因素，“非正常”也成了“正常”。现在除了死亡，偶尔拿个“非正常”的幌子还能博博关注，其他的“非正常”早已经“正常”了。

正常其实是个群体认知和自我的期望，经验主义占了主导，偶尔有点怀旧做个点缀。从群体跳出来的个体，间或有些属于自己的“正常”。

世界跑得太快，自我被信息绑架，这个时空一定开始不正常了。至于推己及人，在我这儿正常，在你那儿不正常，这个倒是费些思量，跟教育无关，该是跟欲望相关吧。

还没有世界毁灭，还没有战争猛兽，所有的非正常都是人类自己折腾自己。是纵容欲望杀死思维，还有些是为了博眼球、获取点欲望，甚而有些人期望成为异能人士。其实想想“非主流”，也无非是怕被这个信息时代和关注时代所淹没，虽然方式一般，跟非正常还是有些区隔吧。

“非常”，已经是个很滥用的词汇了，真希望未来少用或不用。其实正常很容易，经验主义少一些，期望值趋同一些，区别心少一些，少些博取眼球与欲望。懂得自我比别人的认可重要，懂得坚守比能力重要，懂得万事不欺骗自己、不搪塞别人，懂得安静比匆忙坚实，懂得比较是忧郁的来源，懂得关注不是猎奇，懂得包容大于苛责，懂得计划来自于执行，懂得结果来自于过程，懂得承诺来自于行动，懂得错误要在发生时正视，懂得区别围观和关注，懂得信息的截取而不是堆积……

至于“非正常”，信任来了，一大半的“非正常”都会烟消云散啊！太多的“非正常”，非正常死亡、非正常升迁、非正常利益，一是钱权无度，更多的是道理讲得通，可惜别人不信任。为了寻找所谓的自我或是博取些微关注，那样的“非正常”也可以稍微消停一下。你可以努力去做自己，但不能为了做自己而博关注，做自己永远还是件孤独的事情，博眼球和欲望，特立独行，与社会有意地对立一下，那就真有点非正常了。虽说“精神病人思维广，痴呆儿童欢乐多”，但这该算是歧视而不是自豪吧。信息时代的趋同和平庸，同时也伴随着爆炸和流星般的闪耀，于是趋之若鹜地渴望闪耀，宁可流星般划过……

“非常”二字，现在的时代远不如“真”字来得更让人有兴趣吧。不信你试试，把那些“非常”二字去掉，变成“真”字，感觉会好许多。

孤独是生命的礼物

孤独时，我们才会和自己对话。
孤独≠寂寞，
总有一天，
你会明白，
孤独才是生命的常态！

青春，在本该安静下来的时候走掉了

这个青春，成了闹剧后的空寥，嘻哈后的无语。

当 KTV 都唱不尽你的忧伤，酒精都点燃不了你的斗志的时候，最后一班车上的广告必然是“再见青春”。

春天已然过去。

没有次第花开的喧闹，绿安静地接管其他颜色。花香已经持续了一个季节，阳光，让空气热烈起来，热情得让你呼吸时有点困难、有点抗拒。再没有深呼吸的欲望，那些或甜香或淡然或浓烈或隐约的空气，荡然无存。

剩下的花儿，为夏日开了，不灿烂，却鲜艳婉约。偶尔一些花，香得可以，却被太阳蒸腾出温热的气味，暮色里倒是给人惊艳的嗅觉，夏天还是来了。春末夏出，不是初，是那种潜伏着的悄悄占领，匍匐而坚定，让人毫不怀疑夏天能够战胜春天。

五月因着百年前的喧嚣，成了青春的月份。火热与鲜红，潮来潮往，任世事变迁，同样高举着一面旗帜。不管举旗的是谁，举起来的都是像模像样。旗手是正义化身的时候，旗就有点滑稽，不知道代表什么或是被代表什么。

青春来得悄然有序，走得倒是浑浑噩噩、稀稀拉拉。怀疑这个世界，但不怀疑那个心目里最帅最美的男孩或女孩的时候，青春就嚣张得可以了。可是何时是青春离去了？没有开始青春就老去，这个世道的青春怕是被各类添加剂催熟了。梦想与幻想，欲望与奢望，生存与快乐，成为命题，费着你可怜的神经和消磨着你的时光，这个青春有点难挨。

少年何曾老成，青春该是与众不同，但做到极致其实又是另外一种相同。青春不缺伙伴，如今孤独却是比微博更人人必备。攀比与模仿，来自于自我的无聊，这个青春有点让人挠头。青春本来是给失败和躁动的折腾准备的，现如今倒是给了所谓的成功与收获准备。青春本来是个非标准定制产品，现在的流水线却快捷而残忍，复制着些看起来一个模样的青春。测评检验很容易，但是面目很可憎，爱情都如充气仿真女人，背后隐藏的不是变态就是孤独的自卑、压力。

青春该是“春风得意马蹄疾，一日看遍长安花”，享受别人的注目，行进自己的恣意，忽略沿途的琐细，目不暇接地向前。来不及的记忆，来不及的回望，来不及的悲伤，来不及的考量。伤疤成为标志，失败成为年轮，在挫折里发芽，鄙视自怨自艾。“一觉不知梦如何，平明马急复争春。”这样的青春是不是才是真正的青春？

爱情不是青春，只是青春的配乐。孤独是泪水的借口，失恋是独自前行的结果。爱与否，成为验证是否青春的时候，让老去的人情何以堪？青春本是本菜谱，食材自备，做得好不好吃，怨不得菜谱，但你非要去肯德基点套餐，肥胖的结果和蜕化的味觉，又怪得了谁？

青春本是坎坷最好的借口，现在却成了错误最大的替罪羊。不是社会多么冷酷，是我们对待青春开始清点记忆。青春的时候就开始清点人生的经历，你的梦想又如何达成？青春懂得欲望，不懂得分辨幻想和奢望，于是才有灿烂的挥霍。在你开始计较舍得的时候，灿烂永远不属于青春。

青春是个自修班，现在倒成了个速成班。成熟的人都计算不来五年的未来，现在的青春倒要知道十年后的自己，被动或主动。“永远”这个词是给墓碑说的，“十年”这个词是给树木说的，“青春”倒应该是青春最好的借口。

青春不是炫耀的时候，成熟成为渴望的时候，青春成为问题的堆积而不是节日般的狂欢时。青春变成解题的方式和技巧，偷看来的答案，装扮成熟故作高深的模样，把孤独当作成熟的标志，把青春藏在绞尽脑汁地证明寂寞失策的时候。这个青春有点怪异和面目苍白，暮光之城的扮相。

当你在角落里舔舐你的伤口，在人前隐藏你的疤痕，厌恶地看着那些鲜血缓缓渗出，只有无尽的悲伤和恐惧，而不是血性点燃狂野。这个青春，成了闹剧后的空寥，嘻哈后的无语。当KTV都唱不尽你的忧伤，酒精都点燃不了你的斗志的时候，最后一班车上的广告必然是“再见青春”。

一直在想，青春是什么。似乎什么也不是，似乎什么都是。像极了火山喷发后的熔岩河，而不是成熟后那如水的流动：和平地共处，鱼米之乡，两岸风光无限，和谐静谧，其乐融融。那样的场景是成熟的标志，跟青春无关吧。

而青春应该是：我本身就是风景，也只有我是风景，沿途的风光也好，阻挡也好，我熔融自己，然后熔融它们，包裹它们，气化它们，燃烧它们。我火热艳艳，成为只有我才能制造这样的风景。要么你躲开我，要么被我制作成我的记忆。我不能停留，不能回望。虽然我渴望清点曾经的路，看看属于我的风景和杰作，但停留意味着冷却，意味着僵硬，意味着死亡。不管曾经是如何的，哪怕冷却下来的风景怪异或是冷酷，但也可能是时间最美的曲线、最好的风景。只要我还在流动，我就是火热鲜红，充满能量，我也只能继续流动，继续前行。

青春的成功是青春自己，不是成功学的勾当；青春是喧闹和躁动，不是安静的悲伤；青春是我还有什么可能，不是还有什么不可能；青春是看看还可以挥霍什么，而不是挥霍了什么；青春是还可以以何种方式绽放，不是我曾经的绽放已然消耗完我的青春；青春是“人生我来了”，不是“人生我老了”；青春是脱口秀的幽默自嘲和嘲他，不是捧哏的“呵，嗯，啊”。

夏天总是要来，跟几场风雨后的清凉没有什么大关系。春茶的入口，总是跟夏天的到来一前一后。火热的五月，不是因为炎热，是因为曾经的那个青年的如潮声势，也跟曾经的春天还是那么清晰地在感觉里有关。

青春安静下来，就像夏初的季节，当火热成为感觉与记忆，安静倒成了主画面的时候，春天走远了。这个安静或许是因为驻留回望，或许是因为清点得失，或许是磨刀小憩，或许是判别方向，或许是疗伤止痛，或许是心灰意懒，或许是认同命运。安静扼杀青春，青春也就被成熟替代。

春天的花儿不讨好春天，夏天的一切被阳光统治。青春，青春，在你可以安静下来的时候走掉了。

你是一本怎样的书

其实自己也明白，现在读书就是为了战胜自己内心的敌人。而想成为的书，也无非是让自己战胜自己。

敌人一直在那里，千百年一直在那里，这跟你无关。但在这个刹那，你站在了他的面前，我要成为那本记述我内心敌人的那本书。

很早以前，有个调查，如果独处荒岛，只允许带一本书，你会选择什么书？当时年少，我选的是《四库全书》，现在想起来，书没读完倒是把自己读死了。想来当时就把书当作消磨时光的读物，自然博大精深，包罗万象的好。

书到底是志同道合、趣味相投的朋友，还是答疑解惑、谆谆教导的老师？是寻找先知醍醐灌顶，还是增长见闻、百科探秘？甚而遗祸思想、扰人清修？不知别人如何看待书，现在的我把书当作我的敌人。

过去在脑袋里塞入了太多的书，囫囵吞枣、不求甚解，及至消化，又被各类思想的论战搅得自己头大如斗、上吐下泻。多了不止一只眼睛看世界的结果，就是世界悖论可笑得可以，被各类思想所左右的时候，感觉自己被劫持和愚昧了。

于是吃了点思维的泻药，读了一下霍金的《时间简史》，拿高深杀死混乱，自己的脑袋算是找回来了，从此我把书当作我的敌人。“要慎重地选择你的敌人，因为在与其对峙的过程中，你会变得越来越像你的敌人。”这句话总是让很多人迷惑，但又让很多人心有戚戚。读书也该如此吧！

在你有了基础的判断力、逻辑能力、语言能力、文字表达能力之后，读书就需要把书当作敌人了。“尽信书不如不信书”，战胜敌人的最好方式就是学习他的优点、寻找他的漏洞。现在满世界的各类宝典类书籍，洋洋洒洒，你都把它们当圣经、佛法了，那你还要以前的思维干什么？拿来主义多好，结果就是你终于依靠你不懈的努力变成了别人。

当然，既然当作了敌人，就该仔细选择、认真思量，不是能够战胜的敌人或者短期不能战胜的敌人，暂时放在一边；笃定稳操胜券的，轻描淡写的，没必要拿起来读，枉费头脑。找就要找那种需要脑力风暴，鏖战正酣，在战斗中成长的书，最佳结局是杀敌一千自损八百，损失的是自己曾经的错误，获得的是更上一个台阶看世界的眼光，最好还能看出些敌人的漏洞，替敌人弥补一下宫殿的墙壁。

及至书读毕，再回阅一下自己的批注与评点，如饮美酒，畅抒心意，酣畅淋漓；或是月白风清，茶浅灯残，恍然隔世；或若登高云行，世事倏忽，纷繁于外；或似暗黑之夜，有烛灿然，光照一隅。这样的战斗，这样的敌人都值得尊敬。尊重每一本可以称得上敌人的书。

说了把书当作敌人，那我要成为一本什么样的书呢？

我该是那本讲述人类轮回的书，我一直相信人是宇宙的一部分，但从来想不通人在轮回里的角色扮演。学佛知空，空到极致又如阴阳转换地到了实。曾想下辈子做棵树或者做头猪，那这棵树和这头猪跟现在的我又有何关系呢？我的存在是孤独的，但又被这个世界所联络，如果时间只是一个臆造的念头，那我轮回里又何尝有因果呢？

我该是那本记述明代历史的书，不求视角，只求详尽。一个老大帝国在一切向好的努力下衰败了。当社会变成一种规律，人在其中的角色到底是什么呢？又如何做呢？历史总是看着偶然，结局又总是那么必然。比如一个人、一个团体，行进到无可奈何又不得不走的时候，那是一种多么苍凉的悲哀。

我也该是本游记，不是那种游历世界的游记，而是某一个地方几十、几百、几千年四季的记述，风景太多，只求一山一水四季之乐。即如人生，恒河之沙，何必万里走遍，浮华掠影？

我还要做本讲爱的书，人生有为了离开而有的爱，如母爱、父爱；也有为了在一起的爱，如爱情；也有那些不惧生死、舍身为爱的爱。但爱何时可以超越欲望，无欲的爱又将如何呢？多少的爱是因为欲望而成恨，爱到底是什么呢？

其实自己也明白，现在读书就是为了战胜自己内心的敌人。而想成为的书，也无非是让自己战胜自己。敌人一直在那里，千百年一直在那里，这跟你无关。但在这个刹那，你站在了他的面前，我要成为那本记述我内心敌人的那本书。

胜利不会自己走来，所以你只能走向它

暮色起来了，但却没有宁静下来，归家的人，归巢的鸟，匆匆又匆匆。月亮驱赶走了太阳，遥远地相对，树也渐渐退入黑暗里。

河在这里转了弯，北方的河，总是虚张声势，河道很宽，却几乎四季都裸露着河床，水流缓得似乎不流动似的，不是委婉，就是有点木呆呆的。

一棵树，好大的一棵，就在转弯的岸上，蓬盖张扬，好远就能看到。因为是城市的边缘，于是很多被遗弃的狗狗，便以此为据点聚会。河道的死水微澜，拥有者是钓鱼的和一些叫不上名字的水鸟。钓鱼的不在鱼，鸟儿却目的明确地寻找吃的，偶尔的鸣叫很是清丽。

道路上来往的，是冬天的风。工程车的来来往往，反倒成了点缀，轰隆隆过去了，土扬起来，竟是很安静的感觉。城市不需要麦田，冬天，就没什么是绿的了，但蓬蓬的草，干干的树枝，使得冬的剪影也很索然，河里的雾气爬上来，润润的黑黄，有点想要活过来的样子。

这个冬天的雪还是无踪影，有点病恹恹的，不知道春天还能来不？不正常的季节，让你怀疑下一个正常的季节是否如约。

这样的景致使我不由得开始思索与人生相关的事情。

经历是一种成长还是一种衰老？经常讲“可以寄情，不可寄物”。由此推而广之，你可以仇恨一个人，但不能否定他的一切，寄物的人不会看到事物的优点缺点，一味否定。同样，“昨日的成功，导致今日的失败”。这句话念叨多了，反而面对一次次的往复，太多的人以为重复昨天做的今天一定能成功。比照着昨日的他的所作所为，鼓捣今天你的蝇营狗苟。即如朋友说的一句话：“喜欢的反义词不是仇恨，是无视。”虽然朋友人不哲理，但这话很师表。只可惜，“小楼昨夜又东风”，一个“又”字，还是陷入了非此即彼的缠斗，像极了市井的泼妇，气势很足，语言丰富，肢体活跃。时间的意义就在于对骂，不在于为了什么。哪怕仅为，昨夜的洗脚水毁了对方隔夜的豆腐。

生死是随时的，解脱也就是随时的。解脱变成抚慰的话，你出错的理由一定是因为别人。这个世上，不知道自己错的人真的很少，但拿错误掩盖错误的人也真多。但没几个人明白，人生不停增加沉没成本只会让你死得更快。太多的人，比镜子里的你更猥琐和更相信宿命。你絮絮叨叨找理由说明自己，围观的别人轻描淡写扮扮同情。直如一场好戏上演、好歌开唱，锣鼓之外的指指点点笑意盎然，像极了精神病医院的过道，看的、演的都有问题。

骑虎被虎骑的很多，于是画饼给人被饼砸死的也很多。自己给自己画，别人给自己画，你给别人画。饼被吃了，便不会落下来砸死画饼的人。跟过去的自己比较，而不是没事拿自己跟别人比较。太多的人看似只相信自己，真说起来，反倒是彻底不相信自己才对。你真要相信自己，难道会不相信别人？只是因为你没有判断别人语言行为的能力，于是你选择相信自己，那你能确认，你有能力判断你自己的语言行为？

学习现在成了最难的事情，因为你心目中的你很完美。“不赋，不比，直接兴。”你在努力学习成为你心目中的你，于是到头来，最美的最完美的一定是自己。于是未来你听到的语言，你自己的语言，和你对听到的或是自己的语言自以为的分析，都是证明你是多么优秀、多么完美。杂乱的结果，让你不明白是你的思维还是真正的现实，谁更接近现实。甚至，你编造一些让自己相信的语言，有意识传播出去，再反弹回来，然后笃定地信任这个刻意完美的自己。你要的不是真实，而是能说服自己的真实。

“胜利不会自己走来，所以你只能走向它。”偏有了些神人，认为成功是狭路相逢撞了他。终于，成功是我的，利益是我的。我不会去和与我无关的人比较成功，我只会和我周遭的人对比优劣。像极了网络世界，用户界面没有做好，用户交互必须做好。一个企业、一个团队，利益不分享有不分享的方式，利益分享有分享的逻辑，但千万别走在摇摆不定的境地，走在中间的就是紫砂冲泡了龙井，既闷熟了好茶，又糟蹋了紫砂的清誉。

暮色起来了，但却没有宁静下来，归家的人，归巢的鸟，匆匆又匆匆。月亮驱赶走了太阳，遥远地相对，树也渐渐退入黑暗里。

当我放过自己的时候

喜悦是当下的喜悦，命运是当下的命运。

我们嗟叹命运的无情与不公正，怨恨那些带给我们痛苦的事物与人，但原来命运我们可以选择，只是选择的是我们可以选择的部分。

又一次云游归来。当云游成为一种习惯，我也就学会了快乐面对！藏养的季节奔波，违时却须尽力，奔波里思索过去、将来，断续却也活跃，残片拼凑起来，倒也错落有致、色彩斑斓，闪烁着属于自己的光芒。这个旅程如这样的一年，也如未来的一年，也如现在的一刻。

旅途似乎是种奔波，不同的环境、不同的人、不同的饮食起居，于是劳累而疲倦。还好，2009 年学会的随时静心，随时精神独立，随时快乐，随时忘却……

那日初到上海，开始飘落雨滴，仰头看看天，冬天的上海阴霾而有些脏乱，如大都市的混乱不当的包容。出了地铁，猛然发现雨雪交加，上海的雪。因着自己北方装扮，还不是太冷，诧异于在上海见雪而已。急急忙忙地下着，很北方的感觉。穿过上海的街道，雪在点滴结束，隐隐约约。整个城市诧异于雪落，显出上海人的矜持，越是诧异，越是沉默，怕失了大都市的雍容华贵，也算一种包容衬着上海的繁忙与泯然，格格不入，像极了自己 2009 年偶尔的心境。

到了工作地点，很气愤，太多的人想当然，然后就会在日后收获混乱。因着前边事情安排得不停当，现在面对着混乱与不可收拾，怨声载道。挂在嘴头如果永远是“我以为……”，那你永远得到的就是不如以为的。混乱里埋怨，不晓得这是自己在当初的“我以为”中潜伏下的结果。在自己可以主导不产生混乱的时候，要尽一切可能阻止“我以为”的出现。否则面对时间节点，你就只能无所掌控。面对混乱的结局嗟叹，是对自身最大的嘲笑。前一环节自以为是，后一环节混乱不堪；前一环节举手之劳，后一环节一团乱麻；当下你偷懒，明天的当下就知道付出了。这是一种感动，也是一种醒悟。有人问佛于我，我说当下，对自己的当下与别人的当下负责，就自然充满善意。

料理完这里的工作，安排停当，急匆匆地走，去杭州。

上海渐行渐远了，暮色爬上来，天黑了，谁料想，后边有意料之外的感动呢！

上海至杭州很近。匆匆下了高速转入省道，夜色里，田地的积雪闪烁着清冷的光，道路也在车灯的照耀下，明亮而清晰，就是因着这样的明亮与清晰才明白，结冰了！远远看到车辆的堆积，朋友的刹车踩得及时而彻底，车子在ABS的作用下，有跳跃感地向前冲，车灯照耀着前方的车尾，那些红色的尾灯瞬间显得怪异与邪恶，像是血盆大口吸引着车的灯光，张着血盆之口要吞噬你，车子在结冰的路面上纠结于刹车与冰的搏斗，嘎嘎的声音。朋友很及时地在要撞到前车的时候，转向！插入！在隔离带与前车间的缝隙，车子停下来了，很不情愿似的，瞬间似乎人与车都泄气似的趴伏下来。

砰！沉闷而深厚的碰撞声，惊得人一哆嗦，应该是蛮大的车碰撞的声音。急匆匆下车，差点摔倒，路面的冰湿滑着，风瞬间无孔不入，寒冷很得意地让我觉得江南的冬夜无处可躲。踮起脚向后看，该是两辆大车追尾了，冰雪的路面没有刹车的声嘶力竭与尖利，却在碰撞后腾起雾霭。车辆撞上去，巨大的冲击力，接着被撞回来，停下！希望不是惨烈的结局。小心翼翼地走过去，眼前开始浮现惨剧与哭喊。

没有哭喊，没有血肉模糊。一辆平头卡车撞在另一辆的后边，驾驶位置已经深陷进去，外表看着人应该是难逃厄运。副驾驶那里，一个女人，倒还算平静，怀里还抱着一个孩子，只是催着人们打电话。119、120、122，人们忙不迭地打着电话，互相的眼光都有担心的流露，这样的车祸通常都惨烈。因为我不懂方言，就在他们的叽叽歪歪里，替着孤儿寡母担忧起来。需要等待，时间有点慢，更加冷了……坐回到车里，大家都讨论起来，江南的雪也会如此狰狞啊，悲剧在悄然上演。

忽然想到，那个做父亲的伟大！我是开车的我知道，在车祸的瞬间，人的本能是逃离，向左方打方向是本能选择。而且当时的情况，左边还是有躲避的余地，最多是右侧碰撞上去，那样的结局不言而喻。在生死的一瞬间，这个父亲毅然地选择了去碰撞驾驶位置，这样的刻意却让人唏嘘。电光石火的一刹那，这个父亲的爱，瞬间就包裹了妻儿，在阴冷无情的江南冬夜里，光芒万丈，温煦如春。

120来了，119来了，及时而专业，孩子被先递出来，孩子的母亲执拗地待在车里，孩子被惊吓后的木然和惶恐让人心疼。我待在可以了解的距离上期待奇迹的发生，消防人员专业的器械与技能发挥了作用，只是语言我听不懂，有点暗暗着急，察言观色，似乎，似乎无大碍。不知道为什么无大碍？工作紧锣密鼓，专业而高效。人群忽然就安静下来，这是信任的安定，默默地等待结果。千斤顶、破门设备，也就几分钟，已经开始准备将人抬出了。

相信奇迹吧！人很安然，只是脚踝被夹住了，刚才的专业忙碌，将被夹的脚解放出来，他竟然自己爬出来了。想来在碰撞的一瞬，他扑向了妻儿的一边，撞瘪的驾驶位置仅仅夹住了他的脚，甚至没有流血，皆大欢喜。没有掌声，消防队员开始收拾器械，

120 的担架上车，他被随后到来的亲朋们背着上了救护车，涉及救人的车祸处理结束了。

后边的几天了了，依计划奔波，但，这是感动的旅途，我安静下来的时候总是不由得想这个车祸带给我的东西，甚至是对自己的 2009 年的总结。

听到太多的人谈命运，到底有没有命运，到底是谁在主宰、安排我们的命运？我信命，我告诉太多的人有命运存在。万事万物有关联，有关联就有规律，有规律就有必然。什么是命？我一直拿车祸给很多的人说起命运，命就是这个时刻遇到这样的车祸，因为在途中你任何时候稍微加一脚油门或点一下刹车，都有可能避过今天的车祸，但就是那些加油、刹车、路线选择、途中的停顿交互作用，你在这一刻遇到车祸。但认命不宿命，朋友借着他的技巧与判断，在那一瞬得到了最好的结果，这就是你在命运里可以自己努力的部分。命运可以改变吗？可以。如果你听天由命，我们会遭遇车祸，就这么简单的答案，就是命运。

至于那个父亲，他的命运让他发生了车祸，他的车还没有我们车的灵活与功能，但他面临的选择与努力的方向多了太多……

这个男人或许暴躁而无能，也或许努力而踏实，也或许恶习不少……这个女人或许勤俭持家，或许贪慕虚荣，也或许育儿无方，也或许家庭矛盾多多，争吵不断，也或许蒸蒸日上，日见富足，阳光而灿烂……但都没有影响他那一刻的选择。

他可以打向左边，这是本能。能做出抵御本能的动作才是高尚的，本能之下的选择没有人可以指责。那本能选择打向左边的话，他将有一个支离破碎的家，也将痛苦一段时间。他终将开始新的生活，虽然某个场景、某个片段会永远在他的心里，挥之不去。但既然是命运，我们也会接受，毕竟也抗争了，那个江南冬夜的冰雪路面是噩梦，也仅仅是过去某一时刻的噩梦……

他因着爱的本能打向右边，没有逃离，只有抉择，他的爱保护了妻儿，而自己被车祸带走。妻儿的悲惨未来与磨难已与他无关，他尽了丈夫、父亲最高、最重、最终的义务，他用他的生命换取了妻儿的平安，这个瞬间他如阳光般的大爱，温暖与保护了属于他的责任……他的妻子终将开始新的生活，他的孩子终将长大，继续他们必须的命运与坎坷，迎接属于他们的未来，他已经无能为力，他已经燃烧自己的生命……离别世界的那一刻，留恋也好，悔恨也好，都会幸福着消散，笑着离开，笑着流泪离开。

他却得到了最好的结果，皆大欢喜，圆满而幸福。未来的某一刻，夫妻会甜蜜地回想这段惊悸，男人的胸膛是那么宽广与自豪，女人的幸福是那么漫溢与温暖；及至孩子长大，告诉他父母是多么爱他，可以在生死里把选择孩子生存作为唯一选择；父亲也会得意地在朋友的酒肉喧嚣里，借着酒意，高谈阔论这段惊险，唾沫乱飞，引得人人仰视唏嘘；也许会因为喋喋不休地说起这次爱的奉献，被家人鄙视，将自己未来的爱变成索取，人皆侧目；

也许因着这个爱，妻子心里的爱变成了债，一辈子被这一刻所出卖，永远失去自我；也有可能未来夫妻反目，孩子不孝，在老去的年华里自己咀嚼回忆，老泪纵横……都有可能，都没有可能，可能与否其实与现在无关。

这一刻的选择，是对命运的回答，这个当下，是自我的快乐选择。在那瞬间的选择后，喜悦的光芒即时迸射出来，明亮而润泽。命运让我们这刻选择，我们选择我们为之努力的东西，至于结果，我们可以掌控的我们掌控了，努力了……笑着接受命运吧！

喜悦是当下的喜悦，命运是当下的命运。我们嗟叹命运的无情与不公正，怨恨那些带给我们痛苦的事物与人，但原来我们可以选择命运，只是选择的是我们可以选择的部分，我们没有时间去思索所谓的命运公平与否、合理与否，也想不得当下的选择未来会收获什么，只是晓得当下我们选择了，为了自己也好，为了别人也好，选择就是当下，选择就是喜悦，未来是未来的当下，是属于自己选择的未来。这一刻的父亲高大而平实，最重要的是，快乐与喜悦！

这样的2009年末，我被旅途感动，未来我还会在旅途上，被旅途间或地感动。这个旅途上太多的人与事，是命运让我面对他们。朋友问过我喜佛将如何、该如何、会如何，我说：我对我所面对的人、事都善意面对，其实是对佛最大的尊重，也是对自己最大的尊重，也是对自己所爱的人、爱我的人最大的尊重。

2010年就要来了，我在命运的旅途上奔波，还将继续奔波。

这个年末的感动，这个当下的感动，命运在悄然改变，冬天的我在等待春天的来临，那个晚霞已经告诉我，春天就要来了……

那些与你共度过的人，都值得你去珍惜

那一个在你冥想中，离你而去又辗转回来的自我，或许知晓自己的孤独宿命，才去拼命寻找相遇的珍惜。

室内一盆桂花开了，对面人家的阳台上也有一盆在开。是约好的，还是巧合？

秋因着桂花开，才像极了秋天。桂花总是悠悠地晃入你的思绪，有点警醒般地沁入，离近了反而不得其美妙。于是想，我嗅到的该是对面那盆花的美丽，而对面主人嗅到的许是我这盆的安静。忽然觉得亲切，对面那盆花的主人。

四十了，夏末秋初，花开将满未满。

不惑是因为不再奢望未来，还是因为清点过去知晓了未来？

不知什么时候，信仰成了羞于提起的词汇。信仰是一种目标要达成，还是一个结果要明示？你什么境界也达不成，但只要你能不断地学习，这也是生命的一种美。人生不是跳格子，从一个框里跳到另一个框里；人生是年轮，一步步地扩大，虽有拘囿，但在一圈圈地成长。渴望自己聪慧，于是努力学习技巧，却也失了最初的纯真。

美丽来自于整体，花就是花，跟它的名字，跟它像什么无关。如果你非要纠结它的名字，纠结它像什么，美丽的感觉也就消失了。

人生最大的懒惰是不愿了解自己，人生最大的愚蠢是时刻揣测别人！

你是因为爱和慈悲，才恐惧和痛苦，还是因为恐惧和痛苦，而产生慈悲和爱？暴力的欲望与爱的分界线是什么呢？区别很简单，是创造还是攫取，是交换还是占有。你享受这个环境，同样被环境享用；你破坏你的周遭，你也将被环境所毁灭。世界唯一的真相就是，属于你的世界就是你自己本身。爱不是创造来的，该是一种能力吧。遇到了才爱，走了就无爱，那爱和她有关，和你有什么关系呢？

内心的记忆被你分类归档，建立各个空间。空间总是被你安上各类密码，有的用来保证安全，有的为了便于贴上标签易于存取，有些仅仅是为了储藏，有些已然满溢了，有些却还空空如也。你每天开门关门，把很多东西拒之门外或搬来搬去，于是永远没有真正新的东西进来，新的也被你标签为旧的。你早已不能全然接受新的事物，放在房间里的是被你砍伐切削贴上标签的东西。

你会不会是那一只不愿破茧成蝶的蛹？毛毛虫时代已然过去，各类的柔弱、易伤、丑陋、无力反抗、随处躲藏、拿着外表的艳丽虚张声势、只记得吃啊吃的时光过去，织了一个避风的港湾，努力强大不是为了坚强，是为了等待蜕变。但当寻到避难所时，你是不是已然界定避难所外是一片荒芜？会不会连蝴蝶也不愿做了，未来的美丽没有现实的安全更让你享受？

开过山路吧，太多坐车的人因着险峻而紧张，但司机永远看到的是眼前的路。坐车人的惊叹紧张与你无关，风景与安全永远不能兼顾。想看看风景，只有停下来，还要在避免别人撞到你的地方停下来。愤怒与恐惧，也仅仅来自于你认为的自己和实际自己之间的差距而已。做一个开车的人，开车的时候看路，不开的时候看景就好。

生活像极了你小学里最痛恨的相遇、追击问题，距离、速度、接近、走远，你的所有错觉都是相对产生的，相遇是为了别离，别离是为了相遇。最可悲的是别人已然慢慢离你而去，而你因为执着和热情，还觉得越来越近。你舍命追求的，因为别人走得太快，永远也无法追到；你努力后的满足，却被别人绝尘而去的背影憋到内伤。

那个日渐衰老的爱人，那个从出生就离你越来越远的孩子，那些老去的亲人，那些可以与你一起安静、快乐的人，那些与你共度过的人，那些准备与你共度的人，都值得你付出自己去珍惜。

那一个在你冥想中，离你而去又辗转回来的自我，或许知晓自己的孤独宿命，才去拼命寻找相遇的珍惜。

秋夜，春茗；秋饼，月明；

花季初肆意的时候，夏天已然来了；

花开未满将满时节，秋天已然来了；

花季未选择离开，四十了，花开满时就离开……

有一种快乐，叫忘了计较

有一种爱情，爱得很深却必须放手……

他："对不起，我偷了你的心，我的心也被你拿走了！"

她："没什么，你没有偷走我的心，我的心还在。你偷走了我爱的时间，我只怕未来我没有时间去爱了……"

有一种爱叫暗恋，她暗恋他……

她想："我想把我自己全给他，只求他对我笑一笑，摸摸我的头。他说他喜欢长发的女孩，我就是啊。"

他想："我知道她喜欢我，但我没有勇气去偷走她的一切，偷走她的时间……"

有一种爱叫婚姻，他们结婚了……

他："你是我最爱的人，我决定让你偷走我一辈子的时间……"

她："你是我最爱的人，我决定偷走你一辈子的时间，我也拿我一辈子的时间还你……"

有一种快乐，叫忘了计较……

“妈妈，为什么快乐的日子总这么短？假期结束了。”

“不是快乐的日子这么短，是快乐偷走了你的时间，你忘了计较。”

他是个滑稽演员，每天带给别人快乐，自己却得了抑郁症。

他抽着烟：“我活该，我让每一个人快乐，偷了别人那么多快乐的时间，而我总是想尽一切花招让别人哈哈大笑，为了偷得更多。偷了怕是要还的，于是我的快乐没有了。”

有一种贫困，叫成功……

他成功得让人眼红，他得意张狂。

他：“我的成功有目共睹，我的资产花不完，我的香车美女享乐生活让他们羡慕。”

岁月看着他，怜悯地笑：“你被所谓的成功偷走了一切的时间，你穷得连襁褓里的婴儿都不如。”

孩子是天使，天使长大了……

“妈妈，你老了，我长大了，我会给你快乐、幸福的生活，你付出的太多了。”

“儿子，我没有付出什么，你只是偷去了我的青春时光，但是我心甘情愿。”

他们结婚了，他们老了……

墓碑前。

她：“你这么就走了。你在的时候多好，我们都是偷对方时间的人，我偷你的快乐，你偷我的快乐，总是计较，也总是公平。但是你走了，我无法还给你偷你的快乐，快乐沉甸甸的，让我忧伤。”

他在天堂里……

“我因为时间被偷得一无所有，所以我可以轻盈地来到天堂……”

你的灵魂始终陪伴你，只愿你从未缺席

世界最多是个冗长的肥皂剧，没有导演，只有编剧。

你可以选择演自己，或演自以为的自己，或演个别人编剧的角色。

演自己就让心去编剧，演自以为的自己就让脑袋和身体编剧，演别人就让别人编剧。

冬如约而至。

上下班总要经过几条路，法国梧桐参天遮蔽。法桐最有感觉，四季不同，春有满树嫩绿，夏时遮天蔽日，秋雨滴滴答答，冬呢，随着风叶落满地……

忽然，就觉得与世隔绝。遇到红灯，偶尔就有落叶落在发动机机盖和风挡、天窗上，轻微的碰撞声，偶尔还会翻个身。音乐是电台播放的，听不听该是无所谓。发动机轻微抖动，窗外人流匆匆，落叶无言，冷静，冬还是如约而至了。

车开过，满地落叶翻滚，风声鹤唳，秋深冷渐，初冬来临。

现代的城市很煞风景，路上落叶残留的机会不大，连树上的，都有环卫工人举着竿子敲打，落叶在现代也不自由了。想来环卫工人也辛苦，也是为了生计与各种要求。但初冬就显得落寞了，真的很喜欢落叶随风的感觉，飘飘荡荡，漫无目的又宿命又目标一致。有点像城市里的生活与人生，似乎随波逐流，又挣扎而七彩有趣。

总在怀疑自己是不是自己，自己到底能在哪里遇到自己。

我到底是那个想成为莲花的玫瑰呢？还是那个自以为是生命的舵手，实际也就是个欲望满满贪吃的猪？还是我就不该出门寻找，自己安安稳稳地待在家里就好。出门找久了，反而会把自我饿死在家里？还是我就是个镜子，世界是什么样子，我就是什么样子，偶尔也就只会因为灰尘和阴晴而需要适时擦拭，调校焦点色彩？还是心和脑袋身体，本来就对立，本来就有两个自己？

于是有点像青春期般的骚动不安，渴望邂逅真正的自己，为此惴惴不安，辗转反侧。

我该不是那只欲望满满的贪吃猪。成就不是成熟，但成熟一定是已有方向。要猪奔跑就只需要两点理由，恐惧或是食物，都会让猪奋力一搏全情投入。被社会淘汰的恐惧，被物质诱惑的欲望，现代人这两点倒是跟猪差不多哦。看似目标明确，最多也就是恐惧和欲望的集合。就算到了沉沉睡去，能做的梦也只有恐惧和食物交替。每个人，还自以为如船长般屹立船头，指挥若定，全船景仰。人生很有目标的航行，其实也无非是欲望获得什么或是因为恐惧逃避什么。

我也不该是那个想成为莲花的玫瑰。虽然很多人如刚出生的鸭子一般，第一眼看到的就认定是自己的妈妈，屁颠屁颠地努力成为不是自己能成为的自己。努力成为莲花，连玫瑰本来的样子也忘却了。莲花没有做成，连玫瑰的美丽与芬芳都无从绽放。“梦里不知身是客，一晌贪欢。”及至忸怩作态如病梅虬然，伸展筋骨的机会都没有。也怕被谁指认为不是莲花，揪出来狠狠地踩在脚下，零落成泥碾作尘，香不如故。倒羡慕溪边雏菊，且开且落，自开自落。

我同样不该是那个出门寻找自己的人，我渴望邂逅而不是寻找。太多的人告诉自己，我出门闯荡，等我如何如何了，我会回来，我会把自己找回来，过我自己想过的人生。可能吗？你拿未来去给过去承诺，拿未来换取未来。真正的自己，在家真就饿死了。把未来的回归当作承诺，那你今天就是一种谎言。你会沉迷于外面的自己光鲜的华丽丽，在家的自己却已然如木乃伊般恐怖和凄惨。

另一个自己也该不是那面镜子。菩提无树，明镜非台，把自我当个映照，虽看似闲适淡然，来了就照，不来虚无。可惜的是，“感时花溅泪，恨别鸟惊心”，一个阴晴圆缺，点滴灰尘，焦点不一，就幻化了多少可能。环境决定情绪，情绪又决定意识。太多的不安与沮丧，来自于自顾自的自怨自艾。被迫害的妄想，什么时候成了现代人“自信”的一部分？虽然是个平凡人，好运气无缘，可有了坏运气的时候，自信到自己就是那个天下最不该受迫害的人。看似明镜无物，其实变幻万千。

那我该是那个心与脑袋身体对立的自己，我们都成了精神分裂者？脑袋靠记忆，身体靠感觉，可怜心没有依靠，于是忽隐忽现。身体偶尔歇息，脑袋永远不停歇，心于是永不自由。其实思维属于让历史告诉现在，身体是让现在告诉未来，只有心无辜地孤苦伶仃，盯着现在。于是乎，当你缅怀过去、畅想未来的时候，让脑袋控制心，心也只有死心塌地蜷缩无语。

才知道，每一时刻，你都和你自己在一起，只是他比较委屈、比较隐晦、比较不知所以。明心见性，心找不到，见的是什么性呢？大脑因着过去思考未来，身体因着环境决定状态，心不太好找呢！

世界没有偶遇，只有必然；世界也不是一面镜子，映照你的万千变化。世界最多是个囧长的肥皂剧，没有导演，只有编剧。你可以选择演自己，或演自以为的自己，或演个别人编剧的角色。演自己就让心去编剧，演自以为的自己就让脑袋和身体编剧，演别人就让别人编剧。悲欢离合，跌宕起伏，大幕拉开，曲终人散……

也或许，元神出窍，黄粱美梦，蚂蚁缘槐夸大国，这一出才子佳人，江山更迭，前无古人，后无来者。凄惨处，风云变色，江山动容；快乐处，宝马雕车，山巅长啸。梦是很好，也该醒醒了。

冬日如旧地行进着，寒冷也就闲闲地看着，闲闲地过着……天高高的，月亮竟然与太阳约见成功。冬没有晚霞，只有天边淡淡的赭色，阳光无力，但很通透。

一个值得活的年代，一个值得纠结的冬天。

未来承担不了你的安排

人总是折腾自己，经历的时候，那不如意的十之八九总在记忆里作怪，而那如意的一二总是在当下转瞬即逝。

其实，今天的如意没有浪费，透支来的未来才不会成为债务。

“未来是未来的模样”，“永远不对未来说不”，两句话我经常给人说，几乎成了励志利器。几句话下来，一定让对方搞不清自己原先是为什么郁闷了。

我一直疑惑，人多大年纪，才不会被未来的虚拟美好欺骗，还是至死都会心存欲望，还是抑郁了，就对未来彻底死心了。

小时候，讨论盲人，后天盲的人和先天盲的人孰更可怜？那时觉得，一定是后天的，因为毕竟已经知道这个世界的模样，缤纷多彩，美轮美奂。大些了想，其实后天盲的毕竟有念想，而先天盲的却只能空想，反而更可怜些。如吃一串葡萄，你是从最好的那颗吃，还是从最差的那一颗吃？从最好的那颗开始，你每一次都比上一颗差，但却是剩余里最好的那颗；从最差的那颗开始，你每一次都吃比上一颗好的，但却是剩余里最差的。哪个显示人的乐观与悲观情绪呢？这个让习惯辩证的中国人很是挠头。最后的结果就是看见一串葡萄，就强迫症地思考人生，或是刻意选择胡吃。要么就直接打汁，天下大同。

不如，将人生交给老天爷，撒骰子，如《大富翁》游戏，经营很重要，但是时机和运气更重要。

人生是场竞赛，还是一种经历，还是简简单单的塑造？虽然降生以来，你就没打算活着回去，但人总是热爱荣耀胜过认可真实的自己吧。平凡的人生让我们咀嚼无味，弃之不甘，但人生的奖杯不总会落在每一个人手上，让你高举和欢呼，享受注目和尖叫，鲜花和掌声。发奖杯发到手软的事情很多，得奖得到手软的人不多。就算参赛就三个人，得个第三名，只要有奖杯就行，花钱买也成。

可惜的是，每个人都独一无二，但注定没什么特别。“与众不同”，绝大多数时间，你是那个“众”，不是那个“不同”。或许该为未来买个保险。如果为未来的成功与失败买份“五险一金”保险，今天的你会不会更敢于挑战？

保险一，“未来承担得了你的荣誉，承担不了你的安排”。未来的美好一定可以如你今天的想象，但前提是今天你已经开始做了。但太多的“未来再说吧”“未来我要……”“等我……一定要……”，现在你都不做的事情，何必交给未来承担。未来承担不了你给它准备的事情和计划。

当你给未来安排满满，自相矛盾，未来的你体力不支，难于背负的时候，未来要么是个童话，要么是场噩梦。

保险二，“未来你必定成熟，也必定老去”。别指望未来的你会理解现在的你，悔意难当几乎是个必然，今天的承诺在未来总是被成熟戏谑。今天的血性和精力，未来必将疲软无力。

于是，你也不必希望未来的你支持现在的你，需要你现在的思维决定的事情，现在的经历和精力去做的事情，做做何妨？

保险三，“未来不是给予今天的奖赏，而是今天的作品”。未来不会奖赏你，那些你认为的收获，只是今天努力完成酿造了而已。

你现在开始的东西，在未来未必有收获，但今天不开始的东西，未来必定颗粒无收。今天开始酿造人生，未来才能围炉畅饮。我们可以准备未来，但今天不能因为准备未来的庆典，忘了今天的劳作。

保险四，“未来可以透支，今天不可浪费”。白日梦让我们心情愉悦，你也可以透支未来的荣誉和收获。但今天不能因着透支未来，浪费了今天。人生不如意事十之八九，其实，人生不是来承受那八九来的，而是为寻找那一二来的。

人总是折腾自己，经历的时候，那不如意的十之八九总在记忆里作怪，而那如意的一二总是在当下转瞬即逝。其实，今天的如意没有浪费，透支来的未来才不会成为债务。

保险五，“坚守的结局大部分是同流合污，而不是成功、不是战死”。今天的白纸一张和精力无处发泄，无产者最革命。你可以坚守你想坚守的一切。但记住，你失败的可能性比成功大得多。

没必要未来念叨，为什么我会是这个样子，你本来就是这个样子，也应该是这个样子。除非你真的很特别，不是你现在的你认为你很特别，是未来的你认为自己很特别。今天的你和周边的人一样，都认为自己很特别，于是大家都不特别。

一金，“等待未来，等来的是当下”。未来不需要等待，未来在该来的时候就来了。可惜的是，来到的一刹那，变成了当下。如约前来，要么是虔诚烧香得偿夙愿，要么是计划周到缜密细致；没有如约，这个等待一文不值，如同臆想、幻听、幻觉；压根没来，你的时空就没有未来，不必等待。

是因为今天的你成为未来的你，不是因为未来的你塑造了今天的你。人生的计划和经营，是今天要做什么才能到达未来，而不是等待未来。

五险一金，很保险了吧，但也可能未来无法支付，不是笑话是最可能的结局。给未来买份保险，聊胜于无而已。

这个世界总是和我们想象的不同，但还是需要我们学会假装沉醉在每一刻里。过去已然过去，未来尚未到来。看着过去的你后悔厌恶，看着未来的你迷惑恐惧。或许唯一的温暖是现在的你，还有一点属于自己的光亮。这个世界本来是围绕着你转的，但是在你真以为这样的时候，就不再围绕你转了。

你总是把你的未来，设计得让你自己感觉艰险无比，于是你成功了，未来一定艰险无比。

每个拼命努力的人背后
都有一群指点江山的神

一般总是告诉自己，做任何事情，若能偶尔冒出一个新的声音来指导自己是件好事。

甚而有时，事情只有一种解决方式，环环相扣的时候，自己反而四处挑事，希望有些不同的声音响起。

一般总是告诉自己，做任何事情，若能偶尔冒出一个新的声音来指导自己是件好事。甚而有时，事情只有一种解决方式，环环相扣的时候，自己反而四处挑事，希望有些不同的声音响起。

人无所谓孤独，逆流向上，必然碰撞上随波逐流或行进得比你慢的人；顺流而下，必然跟还在积极向上或是比你悠闲的人打得不可开交。如水的人生，虽说船到桥头自然直，但实际操作起来，想必也是战战兢兢，青筋暴露，号子连连吧！但不管你这条船上是几个人或是孤身一人，每个苦逼努力的人背后都有一群指点江山的神。德谟克利特说“人不能两次踏入同一条河流”是个时空概念，生活是个选择，生活无法权衡。平行时空理论像极了佛的四万八千法门，没有穿越，你可能永远不知道当初不这么选择，你现在会收获什么。

于是问题来了。那些神们，指点江山、激扬文字的时候，你如何？

想来无非这几种情况：一，你的选择是错误的，应该停下来；二，你现在的方式不对，方向正确；三，你的快慢有问题；四，你的技巧有问题；五、你的消耗有问题；六，你的结果必然不是你说的，须打折扣；七，你没有考虑变化；八，你的细节有纰漏……林林总总，再加上相互组合，可能无限，变幻无穷，舌头撬动世界，改变时空。

佛教讲，佛法四万八千法门，唯有念“阿弥陀佛”最为法简效弘。其实无非是八正道的一个解法，正见、正语、正业、正命、正方便、正念、正定。没有道行深究，倒是面对那一群指点江山的神们，真需要找个简单法门呢！

战略决定战术，战术服从战略。听起来很大，其实就是方向决定目标达成。所有的神们，只要质疑你的战略，你必须警醒吧，对错无碍，悉数受之。战略目标永远跟时空有关，不似学佛，成就与否其实无所谓，在路上比是否成就更重要。在预定的时空已经无法达成的战略，要么调整，要么放弃。若时空允许，则该任尔东南西北风吧。

正向思维决定接受与否。神们的指点，没有不信息确凿，不迫在眉睫的，其言也切切，其情也真真。好啦，我们认同吧。你放弃自己也就放弃了世界，准确判断他是否是正向思维吧。负向和阴暗的，大可不理；正向的明媚的，细致思量。逆风才好飞翔。

权重决定是否改变。神们的指引，神在战略里的权重，神们所指导的事情节点的权重。永远记住，权重越高的人，越热衷于指指点点，永远要对那种“你这个逗号点错了”的权重高深的人，心存感激。权重永远存在，判断事物结果的对错很容易，但正确的事情未必有好的结果。神们的权重和他们指点事物节点的权重，决定了自己处置的方式和技巧。最怕的是“此山是我开，此树是我栽”的主，扼守险要，本事不大，节点权重很厉害，蛮费人心思。偶尔需要“智取华山”的招数，独辟蹊径地绕到他的上面去。

参与感与旁观者。我们到底是该认同参与事物其里的人，还是寄希望于旁观者清呢？我倒是建议，因为没有权重没有参与，没有所谓的正向和负向，没有共同的目标，所言所视，反而清明澈净。至于人在事物里，那个《邹忌讽齐王纳谏》，还有国学大师钱穆离开故国的判断原因，同样值得深思。

你的权重。其实万事是“缘法五分，随缘五分”，你做得再好也就是50%，剩余的50%，你能影响但不能左右。你在属于你的50%里，权重如何，决定了这个事物的朝向。若是多多少少能够影响其余的部分，那及格的概率就大了很多了。

你是否已经竭尽全力。这个话在鼓励别人的时候，要经常说。但在事物里，你如果已经竭尽全力，那就如一台没有后备功率的发动机。如果遇到风浪，如果从内河到了海上……那个余量没有，就是看到了成功的模样也可能是海市蜃楼。神们对你常说的，就是你还可以再激发潜能，你还可以再竭尽全力，姑且听之，姑且听之。

每个拼命努力的人背后都有一群指点江山的神！神们孜孜不倦，你也就需要继续努力。

你爱无能，爱无力，还是天生受虐狂

爱是身体和灵魂的附属品时，爱总是需要身体去满足欲望，灵魂去谄媚爱的验证；身体和灵魂是爱的附属品时，是彼此欣赏、彼此愉悦、牵着手告诉人生：我不需要爱的验证，因为我们在爱着。

公司里的年轻人很多，于是总是充满恋情和欲望的味道。

我从来不反对办公室恋情，因为现在的年轻人分不清同事、朋友的区别，工作氛围和交际圈子的区别，再不给点机会创造点缘分，也会对工作懈怠。

郭子和娟子，一个本地的，一个漂在这个城市的。他们在公司相遇的时候，似乎都有着当时的女/男友，不过在所谓的缘分挑逗下，都变成了前任。郭子倒是很卖力，每天一大早从城南奔城西，拎着早餐送娟子上班，也接下班。小礼物不停，吃喝玩乐的，买东西倒是少，毕竟工资不高。

娟子对爱也是倾情，就是小性子、小要求多点。没有按着自己的路数走，基本就是电闪雷鸣。郭子基本活在惶恐中，在我看有点受虐狂。未经太多的人生，要字字斟酌对方的话语，或是一个眼神一个动作的分析，也难为他了。基本在公司那是目不斜视，女孩子一概拒绝。因为公司女孩子多，到最后搞得郭子只能看地或是仰着头看天，话少得可怜，那神态跟精神病院跑出来的差不多。

娟子不拿分手威胁，偶尔会拿身体或是冷战胁迫，基本郭子就一个束手就擒。七擒七纵之后，娟子扬扬得意，郭子也暗自得意，各得其所的感觉。起起伏伏，甜甜蜜蜜，不求未来，不问过往，世界也就不那么残酷、不那么功利实用，爱情的力量也蛮大。

但是我把他俩开了，在公司秀恩爱，碰了我底线，然后就劝退了。

求情的人不少，虽然秀恩爱死得快，那也是他们自己作死，我这么做，总是有点不近人情，下不为例呗。我说，秀恩爱从来不反对，但在公司还是老实点。反过来说，不分场合地秀恩爱，要么是心虚自己其实没那么恩爱，所以秀给别人看；要么就是控制不住自己的欲望和身体。这两点，于他们、于公司，无论哪一点，都没什么好处。

荷尔蒙和身体有关，年轻总是让激情随时爆发，意志力是个慢启动的家伙，等赶上荷尔蒙逐渐体力不支，还要等上几年。但是心虚，到底是不是爱，这个倒是出生伊始就能纠结你一生的事。

小屁孩的时候，总质疑爸妈是否爱自己，在乎老师同学爱不爱自己，算作未经人事罢了。及至情窦初开，多是觉得自己还不够好，竞争对手有多坏多阴险，所以怀疑自己得不到青涩的爱。真到可以爱的年纪，却彻底不懂爱了，世界的诱惑太多，我再优秀也抵不住世界给的诱惑，诱惑产生的欲望总让对面的人魂不守舍。

人类为了总能让自己自圆其说，除了发明谎言之外，就是彻底的怀疑主义和自我欺骗交相呼应。证伪永远比证真容易，于是总是设计各类的桥段，去证明别人爱不爱你。爱来的时候不迟疑，却因为验证爱，絮絮叨叨扮神经。

爱从此变得诡计多端和惨烈，不是这个人在不在爱你，而是如何战胜周遭的世界，让这个世界不带走他给你的爱。战斗之余，我还要寻找爱或者不爱的蛛丝马迹，还要花样翻新验证对方是不是爱你。我们臆想出爱应该是什么样的，大约是什么样的，人家是什么样的，而全不顾对面是活生生、独一无二的人。

他要做什么才能证明他爱你，而不是做他自己就好？他没有依着你想象的模板，去做你认为的事情或是给你想要的反应，他就是不爱你。你炫耀他爱你，只是为了给世界看他是属于你的；你验证他爱你，是靠着世界认为他爱你。至于他爱不爱你，已经和你无关，而是跟这个世界的评判有关。

你做一个法官，去判决他是否爱你，那被告是谁原告又是谁？谁来取证？谁是陪审团？谁来申辩？当你把所有的角色扮演个遍，倒不用纠结他爱不爱你，你已经不爱他了。因为你在变换角色，既要对方配合你演出，又要对方坚守自我。你不给男人做男人的机会，你还指望他做一个男人应该做的事情？你不给女人做女人的机会，你还指望她不像个女汉子地生活？

你见不得对方独立面对世界，是因为自己真的畏惧面对世界。你觉得他抵御不了世界的诱惑，其实是自己依旧欲望满满，对自己随时的不满意。你不停地验证他是否爱你，是为了验证你是否爱他。你开始计较你的付出，自然考量他的付出，然后爱也就变成了一场交易。

爱是身体和灵魂的附属品时，爱总是需要身体去满足欲望，灵魂去谄媚爱的验证；身体和灵魂是爱的附属品时，是彼此欣赏、彼此愉悦、牵着手告诉人生：我不需要爱的验证，因为我们在爱着。

郭子和娟子，继续他们纠缠的爱恋，也渐渐没有了消息。

爱从来都美好，只是你把它复杂化了

爱也很简单，反而因为你以为的简单，把爱复杂化了。

不是这个世界没有准备好接纳你，是你觉得这个世界不美好，拒绝进入而已。青春与爱同样如此。

六月充满战争和生离死别，因着高考和各类的离校、分赴前程。

高考似乎是场战争，与他人的竞争和背后期望的眼神，其实说起来倒更像是一场自虐的表演，结果千奇百怪，过程不一而论。但观者与被观者，都是喜剧的角色，这样的演出总会显得充满互动与激情。

及至跃了龙门，不是欣喜和狂放，反却是恍然大悟和无尽空虚，“原来没有想象的那么难。”“未来又和现在有什么关系？”

近期在看书，一本自虐的书《思考：快与慢》，翻译很烂，原版太累；一本《第五项修炼：心灵篇》，朋友送的。坎内曼所致力研究的行为经济学，是一门介于心理学与经济学之间的边缘科学。心理学给经济学上课，数据和科学工具被修理也是好玩的事情。并因此得了诺贝尔经济学奖，更是让人耳目一新。至于圣吉，《第五项修炼》还算是管理学，到了心灵篇，纯属冥想和东方思维教程。

交叉着读起来，脑子倒是不打架，思维有点乱。读着读着，觉得世界真的大一统了，喜欢西方人的思维，释、道、苏菲、禅、瑜伽，一概地喜欢，一概地去揉搓，有点泛神论的感觉。倒是再参照些《中观论》《道德经》什么的，就剩了一句“不可说不可说”。

不可说和青春什么关系呢？跟六月有什么关系呢？

解读青春和怀想青春，一直是人生的主题。虽然明白，人生最大的恐惧，不是不能面对当下，而是总想回到过去。青春在的时候，我们尝试阅读和解释；于是，在青春离开的时候，我们在唏嘘和怀想。

青春该是某种旋律，而不是一首歌的歌词吧。我们总是很关注歌词，而忘了其背后的旋律。于是我们强调拥有一个有观点的青春，而不是谦卑而担当的青春。青春要靠某种阵营保护的话，只会躲在被保护的角落。多么害怕悲伤来袭和自怨自艾，只可以享受呼啸的青春，而不能有一点点受伤，这个青春有点病恹恹的。

这个世界最大的真实就是，问题一定在你，一定不在这个世界。你的成长不是没有目标，不是没有想象力，不是没有愿景，唯一没有的仅仅是无法看清或是不愿意承认真正的现实。这个世界没有你不会变差或是变好，你没有这个世界就什么也不是。或，你能不能先承认自己错了，再证明自己是对的？

可以做一只特立独行的猪，不能奢望做一个特立独行的青春。猪还是猪，特立独行与否不影响它是猪。青春一味地把特立独行标签到自己身上，像是告示栏。真哪天揭掉了标签，白白的版面上残留的都是标签的黏糊糊的胶痕，没有一点点的内容。青春是经历而不是记录，这个青春你记录得再多也只是为了怀想，这个青春经历得越多，或许反而少了那些青春易逝的慨叹。

青春喧闹的是五彩缤纷，青春喧闹的不是唧唧歪歪。选择青春的方式，不是追随谁的模板。青春是做出来的，如同爱。五味杂陈却又煎炒烹炸，不是素食主义的白煮蔬菜，也不是零食果腹。没有大餐可以，不能没有正餐，不能借着青春的理由忘了要吃什么、要做什么，而只学会絮絮叨叨地说什么。

青春很美好，只是你把它想复杂化了；爱从来都美好，只是你把它复杂化了。爱也很简单，反而因为你以为的简单，把爱复杂化了。不是这个世界没有准备好接纳你，是你觉得这个世界不美好，拒绝进入而已。青春与爱同样如此。

承认冥冥中有超越自己、超越现实的力量，又懂得去闭嘴行动做自己的最好，这才是青春最应该的吧。沉默而付出全部的青春，淋漓而尽致，这样的青春才有点意思。青春不必如中年的以说为主、以做为辅，或是有目的地心存余量。对世界敬畏，对青春敬畏。青春总是那个模样，行进时被你千刀万剐，走掉时悔恨当初。

青春不可说，可说的时候青春已然远了。青春像极了《思考：快与慢》里的系统1，不理性却反应迅速，永远不关注全局，只关注这个点，不担当却也自以为是，感性而习惯，善恶分明却也是一笔糊涂账，但却是你理解这个世界的开始。

佛曰：不可说不可说。与其解释，不如行动。道可道非常道，学会行动而不界定什么，时间不是洪流。世界是，也仅仅是，顺势而已。

六月的第一天，在江南听雨。十里画廊百亩荷，不知道因为雨，还是白鹭晚归的身影，湖里的塔影应景得断断续续，似断还连。雨声和着无语，很多时候安静是因为有一种声音，静心是因为某种行动。在六月的第一天，遭遇微凉，却也知，六月总会火热。

青春跟不可说有关吗？没有。跟六月的雨有关吗？没有。青春只跟青春有关，只是需要这真是你的青春。

在没有答案的世界里生存

等待未来等来的是当下，梳理过去梳理的是现在。

于是浸润在当下，度过我们应该的人生，或许才是一种快乐。信仰并不让我们更坚强、更有力，目标并不让我们真正地度过人生。

冬该是来了，秋雨淅沥了很多天，间或着阴霾和雾霭，冷暖倒是让人有点糊涂。及至放晴了，日光倾泻，昭示的也仅仅是阳光的存在，有点欣喜，但不温暖的时候，冬已经来了。

又去了趟普陀，佛顶顶佛，一山门上镌刻"同登彼岸"，慈悲满宇的感觉。旅途归来，收到朋友寄送的书，忽而就沉静下来，秋收冬藏，得以在初冬的时节，有书的温暖和食粮，这个冬天会容易些度过吧。

人生到底是个流浪，还是个横渡，间或只是一种度过或浸润。没人想得清，明白的人都已入了另一个时空，没得机会给你倾诉谆谆教导。间或灵光乍现，又觉得语言粗鄙，词不达意，剩下无穷的沉默和微笑。佛菩萨们总是微笑，个把的苦相和恶相，也仅仅是种智慧，等着一点观照和映照的出现，虽然善男信女们有点恐惧和抗拒。

人生若是流浪，偶然就会成为必然。孤独是人的本质，流浪很符合孤独的定义，至少契合那些嘴上很孤独、脑袋很孤独、身体很孤独的人。流浪，缺点是没有矢量；优势（如果称为优势或快乐的话），就是一切都很偶然。偶然其实永远是种快乐，将人生交给命运的时候，既可以免责又可以窃喜偶然，上天给的惊喜我们欣喜若狂，上天给的磨难本不该我们承受，我们自可以推给这个不公平的世界。既然我们注定孤独，我们需要的就不是智慧，只需要无限的欲望；既然我们在流浪，我们没必要坚守我们的方向，没有原则的人生最是惬意吧。只要点缀些运气、贴些慈悲，就是完美的自己。

可惜，真的很可惜，虚无是文化人的事情，我们的脑子没那么好使，也就没必要那么痛苦。我们的人生总是把欲望当作我们的方向。不管庙堂上坐的是什么，佛也好、菩萨也好、上帝也好、耶稣也好、玛利亚也好，十方神圣，万千神灵，一棵树、一块石头都成为顶礼膜拜的对象的时候，这个流浪也就结束了。甚至某天某月某日，对着八府巡按监察御史，再不济对着父母高官、公司领导，上香顶礼、屈膝虔诚的时候。流浪生涯结束，奴隶生涯开始，流浪是因为没有矢量和边际而痛苦，奴隶倒是因着几尺狱墙让你心安，只是因为有着边界、范围，就让你安全感倍增？虽然救世主们有着朝三暮四的把戏，但有总是聊胜于无，起码不再担心下一顿的没有着落。

其实这个归属感跟流浪是一回事。

那我们还是做个人生的横渡吧。苦海无涯，回头是岸，此岸非彼岸。出生面对的只有死亡，达成死亡而不是让死亡接收，是种境界是种光亮。向着彼岸进发，我们风餐露宿，我们历尽劫难，我们饥饱相继，我们风雨交加、悲智双运、定慧双修、闪转腾挪、自伤自疗，咱泳姿多样，咱信念坚定，咱绝不旁顾，咱意志坚决，咱手段坚韧，咱冷暖自知，脑袋逻辑清晰。人生是一种目标的时候，生活就是个流程和节点控制，方法论成为生活的全部，那铭刻在脑子里的目标，就需要不停地提醒自己。

有了目标的人生总是充满希望，有了目标的人生总是坚定而充实。怕只怕，泅渡了半程发现目标达不成、目标在游移变换，最终的结果要么是出师未捷身先死，要么是不停变换目标。不怕慢就怕站，喘口气都怕耽误自己的未来，精进精进再精进，犯了执着心，自然有了区别心。有了区别心，自然目标在变换，那这个人生的横渡，彼岸无花。

人生该是一种浸润和度过吧。

世界因你存在而改变，但不会因为你存在而适应你。没有彼岸也好，有了彼岸也好，无花无果，无生无死。死后要去的地方跟生前你来的地方没什么两样。人生因为欲望而流浪，人生因为目标而无法活在当下。时间是个量度，没了时间现在的你和曾经的你没有任何关系，只是物质状态有了变化，及到分子、原子、粒子状态，或许连变化都没有。

验证自己的欲望充斥这个世界，别人的眼光和缅怀，成了你终极的目标。达成的人，从不担心自己被世界认同，他改变的是自己，他从来不改变世界，世界是被认同他的人改变的。人生是个自己的心与脑袋、身体战争的旅程，通常脑袋最终获胜，因为他有记忆和技巧，因为身体热衷于被他调教，唯有心过于纯初，也过于弱小，于是淹没在脑袋和身体的控制里。

身体不完全属于我们，脑袋不完全属于我们。身体属于环境，脑袋属于历史，可能只有心属于现在的自己。其实人生或许真如此，服务身体的欲望、环境的约束，好坏的判断是别人的语言或自己的脑袋。每个人做他所做的事情，都似乎是天经地义的，被环境、被他人所迫的。但抛开脑袋和身体，其实我们可以拥有心的存在的。自我总该明白，生活是一种人生的继续而已，但生活不是改变人全部的理由。当环境对于自我产生欲望，而不是自我对环境产生欲望的时候，真就需要小心翼翼地应对，去保护那颗醒来的心。

等待未来等来的是当下，梳理过去梳理的是现在。于是浸润在当下，度过我们应该的人生，或许才是一种快乐。信仰并不让我们更坚强、更有力，目标并不让我们真正地度过人生。

彼岸无花，因为此我无心；彼岸荼蘼，只因此心醒然。

不被绑架的爱才是爱

爱情是坚强到可以以死付之，又脆弱到加一点额外的要求都会崩塌的玩意儿。虽然一百个不愿意承认，但欲望和物质一定可以打败爱情。但这个跟有没有爱情关系不大，爱情不是武器，最多是个安慰剂。或许人生的幸福本身就是安慰剂，但还是需要追求和体会。

梅花开过了，就算是落雪纷纷，大地也不领情，不打算再涂抹装扮了。于是洋洋洒洒也罢，鹅毛妩媚也好，一概落地成水。偶尔树木草地还多情点，薄薄的一层雪暧昧着。

像不像情人节里的玫瑰，每一朵玫瑰都代表爱情，却在这一天待遇殊异？垃圾桶里的代表拒绝；抱着的代表温馨；隔夜还抱着的代表温馨加开房；泡在洗澡水里的要么是女汉子，要么就是暧昧和情色。有情无情的跟东西代表什么无关，只跟心情、心境有染。

爱情这个东西，自从同性都开始吱吱冒油火花四溅，普罗大众还都见怪不怪，高喊“在一起”的时候，我想非人类灭亡不足以使其消亡了。爱情跟病菌的生命力差不多，不知道什么时候能发明疫苗灭了它。

只是不明白，是个节日都往情人节上扯的年代，逢了节日，网络上温情感人的不多，吐槽泄欲的大把，“嫌货才是爱货人”？这个时代，恐婚恨嫁都是小儿科，剩女凤凰男才是王道。得不到的是男神女神，得到了也打死不承认和爱情有关，大叔不可控，萝莉不萝莉。放眼望去，满世界走来走去的，都是“恐爱”一族。

在酒吧喝杯饮料都能应景装醉；得上一场感冒都感觉全世界离你而去；失个恋最好明天太阳不要升起，好让你流泪流到过瘾流到死。那份代入感和纠结，比爱情这个词汇包含的含义都丰富得多。“炸鸡+啤酒”是爱情，其他一概不论的时候，你的爱情近鬼神，远人伦。

春天来了，倒是太多所谓的爱情怕见光死。有人因为知道见光死，而选择一直在阴暗的角落存活；有多少人因为知道见光死，而选择面对阳光，死了拉倒；有多少人想赌一把见光不死，选择上蹿下跳、拼死一搏？

宅男宅女们，有本事安排24小时，生活丰富有趣的叫“宅”，那种畏惧世界的、见不得喧嚣的、跟世界不能安然相处的，最多也就是个乌龟精灵附身。心在哪儿，宅在哪儿，居心和心居，总得和自己和平相处吧。拿着这样的宅，去博爱的惠顾，其实自己早知道，这样的自己要不要爱情似乎也不打紧。

或者把爱当个物件儿，呼之即来挥之即去，坏了换一个。也可以如万恶的苹果肾机，因为潮流时尚，还没坏也要换个新的。要不咱把爱情当宠物养，猫有猫道，狗有狗路，只要别养条蟒蛇，没事量量你的身体长度就行。因为有攻略，有手册，高兴了就宠宠，不高兴再说。

这个社会的多元没有体现在温和待人上，都体现在自我分裂上了。自己都千变万化，阴晴不定，还非得要求爱情的对方，学会千般逢迎，万种柔情。总之一定要拿爱情说事，做不到的一定不是真爱。即便是天上掉下来的林妹妹，百般心思羸弱身体，只能靠石头里蹦出的悟空哥哥伺候，就那还差着几十般的变化，估计需求观音姐姐化解。

又或因为他爱我所以我爱他？因为他明天似乎会比今天好，所以今天我决定爱他？因为他能保鲜，所以我决定生产爱情？还是他有肥料，所以我决定种下种子？又或者我是藤蔓或是小苗，他是花架或是大树？

爱情这个东西，你把它想得太圣洁，它就总是给你标注点痦子麻点，反正让你没有完美的可能。审视爱情时，每个人都成了处女座，强迫症、洁癖。但你把它想得不纯洁些、物质化些，这样现实了吧。但真开始计较得到失去的时候，你又装扮得跟个天使似的，痛哭流涕。看样子，爱情还是离你远点好。

反正失去自我的，不管多么轰轰烈烈，怎么看都不像爱情，倒是像了僵尸来袭，蜘蛛涅槃。反而那些两个人打碎血肉，搅拌点生活的水土，建个家庭挡风遮雨，虽然血腥，但似乎还有点爱情的影子。

想来，爱简单到只要你自己还存在就好，或是复杂到有了爱情世界都美好了。再极致些，有了爱情世界关我何事？或是爱情来了，这一天就足够；或是同行过就好；或是这一辈子才足够，下辈子咱换人；或是下辈子再继续……

爱情是坚强到可以以死付之，又脆弱到加一点额外的要求都会崩塌的玩意儿。虽然一百个不愿意承认，但欲望和物质一定可以打败爱情。但这个跟有没有爱情关系不大，爱情不是武器，最多是个安慰剂。或许人生的幸福本身就是安慰剂，但还是需要追求和体会。

爱没有被其他的东西绑架，爱没有被爱绑架。这个爱情虽然七零八落，但将就着还算爱情。

人生就是一次次的搬家

成长跟搬家差不多，总是越成长越成熟、多搬一次家越不易。

不是因为你拥有的多了，而是你自以为不能舍弃的太多了；不是你没有能力了，是你太为未来设计了。世界从来都是个大工地，人生就是一次次的搬家罢了。

这是我第三次搬家了，要是算上青少年时代和单身生活时，怕是有七八次了。

这次算不上搬家，其实是父母老房子要拆迁。虽然老两口已经不在这儿住了，但是积攒了相当多过去的物件，需要整理一下：扔掉还是继续换地方保存。

老房子是20世纪80年代的五层楼，中间还加固扩展过，于是新旧混杂、不伦不类。因为是厂子的房，拆起来有点麻烦，周边都拆了，它反倒孤零零地站在那儿，坚强执拗而孤单。因为嚷嚷着“拆”好几年了，老住户基本都四散各方了，一部分就空了没人住，一部分出租了，物是人非。

打开门窗，透了半天气，抽了两支烟，才进门。屋里有灰尘但不杂乱，理工科出身的老父亲给我画图、列清单告知什么东西在什么地方。日光灯管嗡嗡的，好久没开的缘故。抽了个板凳坐下，开始整理属于我的东西，会遇到多少自己想象不到的呢？

一本作文底稿，是参加作文竞赛的练习，主要是不同的开头和结尾，符合虎头豹尾猪肚。

我的一些奖状，父母的骄傲，自己都忘得差不多了，还曾经这么优秀？

一些日记杂想，有些恍惚，不敢和记忆博弈验证。

一些小物件，别人送的或是自己收集的，曾经当作宝的。

一些信件，该是淘换了几次留下来的，除了手写这件事印象深刻，其他的跟记忆里的对比便显得似是而非。

一摞子照片，各个青春的时代印记，已经不纠结自己是否好看了，纠结的青春已经远去了。

几本毕业纪念册，天各一方，总是感慨。

其他乱七八糟零散的东西……

归拢了一下，扔到垃圾袋一些，看看剩下的又少了一大截，可以拎着走。在这里住了大约十年我就出去浪荡人生了，却在短短的半天工夫重新回顾了一遍。决定留下的东西少到如此可怜。

一直恍惚自己的历程，曾经有一次做梦，一个梦把大学四年齐齐整整、纤毫无遗地过了一遍，然后就恐惧起来，不知道哪个更真实。

不想刻意梳理自己的过去，那是老年人的勾当和乐趣。但总是有些生活的节点时刻，让你不由自主地考量自己的曾经。绝大多数人是畏惧回忆的，只因为不能重新来过。回忆本身跟幻想差不多，不信你试着回忆过去，没几秒，就会想，“如果当初不这么这么，应该就是那样那样”。

回忆总是和保存纪念品不同，回忆里最刻骨铭心的都是坎坷悲伤，快乐总是短暂而捉摸不定，保存的纪念品倒都是快乐的标志物。反过来多好，记忆里都是快乐，留存些悲痛的纪念品，偶尔拿出来祭奠。

人生总被描绘成一场旅程，前路漫漫，不能回头，背负得越来越多，走得越来越慢，随时准备迎接终点；或是一场迁徙，扔掉过去，重新开始新生，不停地迁徙，知所终，却遗忘本来。谁都不是旅者，因为人生是你自己的，世界不是你自己的，最多是一次次地搬家，一次次地建造罢了。

当你决定建设新的家，你一定是觉得现在需要或是未来需要，一定不是因为过去需要。你确保你有能力负担得起，也基本不会因为老的房子里的东西，去决定未来房子的设计。每一次新的设计，你会刻意躲避过去的印记，尽量避免之前的缺憾，你甚至强迫症似的把过去的缺憾放在头等地位，忘记了新居的平衡。要么你彻底脱离这个环境，换个区域，要么因为熟悉就在四周考量更好的。当然沦落了，不是新居而是被人生摧残得降了格调，最好在熟悉的环境消失，选个八竿子打不着的地方疗伤。

及至新居落成，喜庆有余。老物件能用的用点，全新的最好。扔掉了太多过去以为必不可少的东西，留下的要么是留存纪念，要么是顺手可用。破家值万贯，但你想的竟然大多数是舍弃。那些刻骨铭心、时刻相随的东西，却在新居面前落魄、边缘化，遭你无视。

同一屋檐下的人，也是来来去去，环境里的人也是变幻多彩。多少东西是因为人的存在而存在，又有多少东西因为人的存在而纪念？或是因为离开而不存在，因为离开而存留记忆？

每一次你都想一劳永逸，为未来做个保证。却发现没几年，你就又一次地搬离。就算不搬，也是折腾个不停，真到了不能折腾了，也该跟人生说再见了。以为环境彻底满意了，却发现要么是自己很快地厌倦，要么是自己瞬间就变得无所适从。

怕只怕仅仅是为了逃离过去，选择新的家居，扔掉的都扔掉了，可惜自己的记忆和人生习惯，总是扯着你面目全非。你可以涂改记忆，但涂改不了自己，于是蓦然发觉，你新的家其实还是老的。

也怕你为了未来计较太长远，未来来的时候，跟你如今的想法早已南辕北辙。你不是为了现在、为了未来活着，看似是充满理想和梦想的坚守，其实是为了注定的背离。

最怕好不容易搬了家，堆了一屋子的老物件，古董还好，就怕是瓶瓶罐罐破破烂烂。你扔不掉旧的，也就没有资格拥有新的。人是搬家了，心却没有。背负着过去的点点滴滴，让现在无法面对未来。

想想我们从孩童搬到少年、搬入青春、搬入成熟及至衰老，或是幼儿园、学校、社会、婚姻、家庭，每一次的搬家都有时间标志，都有环境的改变，但行进其中的我们又有多少的改变和适应，还是如搬家般地不知所以、前后纠结？

人生就像一次次的搬家，可能环境变好了，也可能变坏了。但你要想为了未来设计、为了现在努力，而不是跟过去纠结。因为你现在活得好不好，跟过去有关，却系于当下。你以为跟你生命相融的人或物，随着时间，总是出走或是被舍弃。你以为必须背负的东西，总是在新的开始时觉得多余。给你造成伤痛的东西，根本就没有存留在你生活里，只存留在你的记忆中。而不管你是谁，你留存纪念的都是带点快乐的音符。但可惜的是，也有可能你当时的快乐和小心翼翼，在未来看起来，虽然不可笑，但确实不能复刻喜悦。

是不是应该，为了现在、为了可见的未来选择搬家，不抛弃过去，但不迷恋所谓不能遗弃的，让快乐留存在记忆里，让悲伤坎坷提示自己。让未来到来的前提是让过去走出当下，让当下给未来留个地儿。成长跟搬家差不多，总是越成长越成熟、多搬一次家越不易。不是因为你拥有的多了，而是你自以为不能舍弃的太多了；不是你没有能力了，是你太为未来设计了。

世界从来都是个大工地，人生就是一次次的搬家罢了。

孤独深处

身处现代城市的人群中，
却无法与他人发生联系，
仿佛置身于一座孤岛，
发出没人理解的呐喊。

成长是你要经历的，成熟却未必

酒未老，酒的成熟需要时间，也需要心情。

人或许一样，人生也大抵一样。

红酒在我看来，一直是个神奇的东西，因为可以说道的东西很繁复，而且是个跟环境、心情、人密切相关的东西。

朋友定期会请我品评红酒，我觉得属于文化侵略和品位炫耀。生活总是被很多物质贴上标签，很多东西没有做、没有享受、没有拥有，人生的品质似乎就值得担忧。老话是“物以类聚人以群分”，现在是人以物聚，物以群分。

微醺，大肚杯，如血红酒，宝石光。

“德哥，什么时候你觉得自己成熟了呢？”

“成熟？现在算正在成熟中，至于让自己印象深刻的自己，我给你说几个事儿吧。

“第一次是那时候还卖车，准备搞个大点的事儿，一次进了过去一年才能卖出去的车，图个返利政策和销售突破。自己有点含糊，就问朋友。朋友说，当你问我这个问题的时候，其实你已经决定干了。

“第二个事儿，婚前我职场上的老师给我说，你有文化、脑子够用，但匪气不够。要么你选择流氓有文化，要么你就得接受你自己。我说，我懂得匪气是什么就好了，但是估计我没戏那么做。

“第三个事儿，突然有一天明白，现在自己可以做到事前忧虑，事中安静，事后总结，不再纠结原因，而是正视结果了。结果是唯一的，原因却是错综复杂的，你只能决定未来做该做的，却不能寻找到所谓的原因。”

“哦，德哥三段论啊！隔几年就要发生点标志性事件，你也就慢慢成熟了呗，这也是人生的成长、成熟？”

三段论？现在，人生境界基本陷入三段论，前有王国维的“人生三境界”，后边有“看山是山、看水是水”的充满禅机，不一而足。

前几天又看到一则“人生的三次成长”：第一次成长是明白自己不是世界的中心；第二次成长是明白再怎么努力，好多事还是无能为力；第三次成长是明明知道自己无能为力，还会努力争取。

按着上面的说法，大约自己可以单独走动，可以跟别人沟通了，你也就知道自己不是世界的中心了；至于无能为力，给你个高数题，就难倒你；至于你无能为力还要努力争取，高考前坐在课桌后奋力答题，大致也就那样了。

成长是一个不得不经历的事情，哪怕你把自己放进保鲜箱也无法避免。成长无非两个标志：你不想做现在的自己；开始幻想过去的美好。小学生对幼儿园的鄙视，其实和老年人对年轻人的责难差不多。开始装嫩或是扮成熟，或发白日梦“要是当初我怎么怎么”，成长也就成了没法子的事情，和你是否情愿没什么关系。

想想自己人生的瞎折腾，成长总是悄无声息、后知后觉。当别人告诉你或是自己告诉自己，“这件事以后，你终于成长了”。细究起来既不是量变到质变，也不是非常时刻非常悟道，走到一个地儿恰好遇到某事或某人而已。

于是，成长是自然而然的，但成熟没有伴着成长一起来，这才总让你夙夜不寐、辗转反侧吧！跟成长不同，成熟倒是可以选择的事情。不是你不会成熟，或是永远不能成熟，而是你愿不愿意选择成熟。

人生最大的借口是孤独，这个世界里的自己永远孑然一身。于是乎，既然孤独何必担当，或是即使孤独也要折腾点动静，大多数人无非在这两种状态里随时变身转换。出了问题，自然因为我是独立的，和世界没有关系的，何必担当，都是世界的错；闲了或是成功了，或是有欲望去成功了，那一定舍我其谁，不搞个天地变色，我都不惬意。

但等到明白，在世界都找不到答案，问题的答案在问题里，你对世界的问询本身就是答案的时候，或许也就开始学习成熟了。成长是一点点来的，而成熟是因为知道如何产生这些问题、如何回答这些问题，瞬间也就来了。当你不借助外面的力量，开始问询自己，捧着自己的问题欣赏问题本身，然后明白问题的答案在问题里，成熟也就悄然而至。

成熟不是面临选择，选择是成长路上必需的事情。成长总是会带来无数的选择，如何选择才代表你决定是继续懵懂地延缓成熟，还是不得不逐渐成熟。世界总是会告诉你偷懒的机会和顺应环境的捷径，只是为了同化你和涂改你。你也总是会发现，人生一直让你成长，却使出吃奶的劲让你不能成熟。人生一直蛊惑着你，在你需要选择的时候把选择权交给这个世界。

可以做，但是我选择不做；可以不做，但我选择必须去做。不是自虐，是因为你如果不为难自己，世界就为难你。冬天不剪枝，春天不好开花；开花还不能开得太过，因为秋天你还要结果；果子你还要有舍弃，才能最终收获甜美。你可以不剪枝，也可以让花儿尽情怒放，也可以尽可能多地累积果实，这是你的选择，但别埋怨果实不甜美。

世界通常是由结果组成的，原因总是莫名所以。人生要是有悲哀，就是结果倒推的时候，言之凿凿、宿命必然，行进时昏昏然不知本来。真找到了原因，看似必然，却又总是似是而非。原因要么是自己成功的必然，要么是失败的症结所在。原因在别人那儿，结果在我这儿，总是能安抚一下自己受伤的心灵，才不至于对自己厌倦。于是成长成了一个骗局，世界骗你，你骗自己。

人生拿着原因说事是骗不过去的，因为结果永远摆在那里。就如你再怎么装扮，或许骗得了这个世界，但是你清楚地知道镜子里的还是你自己。你再怎么涂改自己的形象，获取这个世界的认同，但可惜世界总是拿着潮流和个性说事，你也就将就着在潮流和个性里犹犹豫豫。一不小心，就是别人的翻版，或是特立独行到被世界遗弃。

可惜人生还是你的，你也只能在事情没来的时候，学会焦虑，却必须在事情里安之若素、坦然自若。结果带来的是开始，而不是结束。结果永远告诉你的是未来怎么做，而不是原因是多么的令人疑惑或是不堪。

恍惚里，酒在醒酒皿里弥散着一点点的雾气。年代遗留的味道和醇美，一定间杂着些微的残渣，但不影响酒在杯壁上留下执着的印记。味道和口腔有关，却被喝下的酒和眼睛、嗅觉蛊惑着，更被心情和对面的人叨扰着。阳光透过杯子，让如血的酒，有点燃烧的感觉，投在桌子上的影子，却宝石般的润泽。

酒未老，酒的成熟需要时间，也需要心情。人或许一样，人生也大抵一样。

成熟从来都是值得恐惧的事

青春时说服自己很容易，说服别人很难；及至将要面对成熟了，蓦然发现，说服别人很容易，说服自己很难。

青春追不回来，只能打着追赶潮流的旗号扮嫩，然后面对不伦不类的别人，间或审视一下不伦不类的自己。

初秋时节，天高了些，云白了些，雨开始细绵而多情，那些绿色被感动得有些星星点点的黄。葡萄甜到开始值得怀疑，霞总是红红地燃烧，让在微凉风里的你忘我驻足。风和雨，是这个秋天的催生婆，蛊惑着孕育一夏的季节，悄无声息却又目的明确。

秋总是隐隐地来着，夏不知所措地被湮灭，秋自然而然地来。跟这个人生类似，青春不是被成熟战败的，成熟是被人生的风风雨雨湮灭或催生的。

前些天去穿越，朋友们就开玩笑，不是求山水静谧、峰林险秀，或是舒放胸臆，仅仅是为了证明自己还行，还能折腾。于是，明白其实自己成不成熟，都必须成熟了，或是必须看起来成熟。

躲避成熟的子弹，是这个世界的潮流，没人想成熟，只想着成功。成熟对太多的人来讲，意味着死亡。成熟离死亡只差一步，无非是自我感觉，自己总是活在过去而没有活在未来。按理说，成功在努力之后应该是自然而然到来的，可惜的是越努力不失败，却不代表自己越成功。

如今这个世界的主流是：因为要承担责任，所以不能活出自我；因为要活出自我，所以逃避自己的生活。因为要活得美丽，就需要妆容自己、面无表情；因为要保存自我，就藏纳纯真，穿上“铠甲”面对世界。纯真本身是一种力量，却因为掩盖在其他东西之下，脆弱而苍白。

人生需要冷血动物，因为可以随着外界冷暖随时转换。青春的热血换来的冷暖自知或是伤痕累累，总让人在讨好这个世界还是抗争命运间犹疑不定。世界似乎总想告诉你，什么样的人生他才点头认可，但等你真这么做了，他又嘲笑你装扮得太蹩脚。却忘了，做一个有温度的人才是一个站起来的人，有温度的人才有历史，才有未来。

做有趣的人和做有趣的事，不是一回事。当你觉得是一回事的时候，你最多是被欲望捕获而已。发现美丽和感知美丽不是一回事，寻求刺激新奇和经历自己的人生不是一回事。我们等待能撞入我们人生的东西，而不是探索可以和平相处的关系。我们急匆匆地开始一些事情，然后看着它们一点点地湮灭、不知所终。

我们开始不怀疑自己的判断，开始以下意识的反应为傲，却屡屡收获错愕。幡然悔悟后去学习，发现明白的一直明白，不明白的依旧不明白。当我们只懂得归纳，却忘了定时重新整理收纳的格式时，为了不让自己混乱，就把每一个新的东西砍伐切削成自己认可的模样，心安理得地硬塞进自己的脑袋和人生。

我们鄙视欲望，却又被欲望驱使。我们渴望未来，却又畏惧改变。我们追求快乐，却因为谄媚这个世界而被世界拒绝。笑本身是一种结果，我们却当作一种理由。总觉得世界对不起你，其实自己最对不起自己。世界自己都累了，你还不累？世界都困了，你还不困？人生总是有很多东西，你越畏惧和躲避的，反而是你最需要的。

你开始为自己不能去做什么去寻找安慰剂，人生最大的安慰奖不是你成功了与否，而是从来没有失败过。没有失败过和成功不是同义词，连近义词都算不上。学会装模作样的洒脱，面对没有经历过的未来，你寻找的是即视感还是既视感？洒脱是经历人生之后，不是经历人生之前吧。成熟或许需要你更习惯说："原来我可以……"

信仰是一种极度的信任，当你已然把未知定义为已知，你也就没有机会拥有信仰。你能把一切事物解释得因果理性，必然中的必然，却就是解读不来自己的人生为什么成了这般模样。信仰在青春喧闹里是束缚、枷锁，但在成熟面前，没有信仰总是觉得自己赤裸裸般的可悲。

你在因果里寻找可以说服自己的理由，推导自己的必然，却永远会在选择前犹犹豫豫、辗转反侧；你接受行动的结果，却永远不去选择行动的开始；你博弈命运，等着命运出牌，期待赌局的胜利，却忘了人生的经历，是建造、随时的修葺，甚而不破不立。

身体自顾自地产生欲望和疲惫，大脑自顾自地制造篡改记忆，在成熟面前你却总是被身体和大脑左右。这个世界最大的邪恶是告诉你，你不能做的事情跟你无关，是这个世界太残忍；这个世界最大的善意，就是还让你明白，身体和记忆你其实可以分辨得很清晰，左右不了的世界和可以左右的自己，同样能和平相处。

于是人生很可笑很好玩，越接近成熟，每个人都目的性地颤抖。这一生就这样了。这一生就这样了？这一生还能怎么样？

青春时说服自己很容易，说服别人很难；及至将要面对成熟了，蓦然发现，说服别人很容易，说服自己很难。青春追不回来，只能打着追赶潮流的旗号扮嫩，然后面对不伦不类的别人，间或审视一下不伦不类的自己。

你觉得世界有多邪恶，其实就有多无知

曾经去问师父，一个人到底怎么才算正常，什么才又算不正常呢？

师父说：能不凑合的不凑合，就是正常的生活；能凑合就凑合的，就是不正常的生活。

秋天是个点算的季节，为着年底的狂欢，总要算算一年的付出和收获。有句话说："自然界不存在数学，人们却总希望拿着数字去衡量人生。"

于是乎，秋风见凉的时节，保不齐就下意识地算计。无一例外的，没几个人觉得这一年活得还行，大多数人悲秋是必需的，埋怨是必需的。世界的邪恶，不用感受，想都想得来。

不安全的世界，不安全的内心。没谁不想拥有存在感，但任何的存在感都让自己觉得与环境格格不入，被无数眼睛研究窥探。每个人都声称自己不是窥私癖，但满脑袋天线传感器，捕捉一切与自己有关、自以为与自己有关、或者真的与自己无关的一切蛛丝马迹、风吹草动。为的是，些许的危险但凡嗅到，就可以逃离。我们在最和平的时代，却施展着非常时期每个保命的手段。归根结底，人是个杂食动物，应该既有狩猎者的强势，又有食草者的机敏。现如今，却失了魂魄，彻底沦为猎物，像个羚羊般，睡觉、吃食、玩耍、恋爱都不得安宁，世界不吓唬你，自己都把自己吓死了。

活不活得下去不成问题的时候，安静就成了奢侈品。信任环境和人，包括信任自己，本来是个互动的结果，现在却成了一开始就存在的障碍。人为了安慰自己，最擅长的事情就该是把事情的结果当作原因吧。明明摆出一副防备人、提防人、算计人的架势，却因为换不来信任而长叹信任无觅处；明明自己烦躁得可以，恨不得把人揪过来狠狠扁一顿，嘴脸都扭曲了，还嫌别人为什么不安静不理解你；脸上挂着别人欠你血汗钱的模样，却希望周边的人都能快乐地讨好你，给你分点阳光；从来不尝试让别人懂你或是学会读懂别人，一句“你不懂我”，就在两人面前划出个十万八千里的鸿沟……到最终不明白，是“黑暗森林法则”，任谁都是为了吞噬对方才生活在一起，还是按理说人类需要抱团才能取暖活下去。

因为人是动物，就会好奇地对待自己。越不安，越刷存在感；越刷存在感，越不安。于是乎，也不知道是世界的不安让自己彻底失却了安静的能力；还是压根安静就不存在，安静意味着死亡？是无知让你身处险境，还是知识多得只剩下算计自己、算计别人？

“你利用意识控制你能控制的，你却被自己的无意识控制”，朋友的顿悟，倒是让我惊奇。说来说去，每一次下意识的反应，我们美其名曰为直觉，或是经验的积累，却丝毫不关注或是意识到，那些暗藏的潜意识，是如何控制着我们，又如何在最关键的事情上让自己不停地瞠目结舌。人生最大的悲哀，该是自以为做好了一切的考量，做出了最慎重的选择，并为之付出了最大的努力，却发现自一开始我们就丢失了自己，或是被自己从来没有了解的自我，伤得遍体鳞伤、伤心欲绝。

人生活成了一个段子或是笑话。我不知道我想要的生活是什么样的，反正我知道现在的生活不是我想要的。想想你的人生是不是如此？因为你觉得你总得不到想要的生活，所以你觉得这个世界很邪恶；因为你不知道自己想要的生活是什么样的，所以其实你很无知。

存在感刷不出来，因为任谁刷别人的屏都会被厌恶被拉黑，刷自己的屏又孤独感得厉害。安静自己，尝试自己想要的生活，而不是只是去想自己要什么样的生活。别觉得世界多邪恶，如果世界是负责恶意针对每一个人的，那这样的世界同样是一种平等。世界也不值得对你另眼看待，你不是受虐狂，世界也不是施虐上瘾。如果梦想只是为了激励自己前行，达不达得到又如何？如果梦想还能实现，那做起来就好，哪有埋怨的时间呢？

曾经去问师父，一个人到底怎么才算正常，什么又才算不正常呢？

师父说：能不凑合的不凑合，就是正常的生活；能凑合就凑合的，就是不正常的生活。

我问：都不凑合了，那不都崩掉了吗？

师父说：能不凑合不凑合，是让你发现并面对问题，并努力去解决，崩掉是逃避罢了。而问题在那儿，问题的答案在问题里，你选择的是凑合甚至视而不见，那一个问题就变成无数的问题了。

秋天里的城市越来越有城市的样子了，流浪猫已然盘踞了小区的花园。基本就三种，黑白、黄白、三色的。一茬茬地换着，除了一只白色的老猫，估摸下，也有七八岁了，从长长的毛看得出来。每天依旧很认真地清理自己，可惜已然不是毛白如雪的蓬松的模样。

最简单的最难，最难的最简单

不管别人如何评价你的人生，你注定是你人生的工匠。

锻造自己的材质，学习需要的技能，将技能转化为能力。最简单的最难，抱着对人生的敬畏，做一个自己人生的工匠。

“君子不器”语出论语，说的是君子不能拘于一才一艺或者几项技能，而是要融会贯通，也可以理解为有学问的人不能仅仅只是成为可供使用的工具。

人器不器的，往低了说不能成为一种工具，往高了说无非是努力做到“无用之用”。至于不拘泥于自己的格局，要勇于尝试突破，背后也无非是学习和眼界。中国人，对于成器这个事情，一直纠结得可以，爱恨交加。

匠气在过去我们多少有点鄙夷，因为大师们唯一需要甩掉的陈渣劣习，无非就是匠气。但物为之用，总要过了匠人的手，每个人拥有的总也不会都是大师力作，生活总是被各类匠人支撑着，也不管你喜不喜欢工匠。

现如今，工匠精神却又流行起来，有点跟老祖宗对着干的意思。还好“君子不器”里还有容纳的意思，我们也需要对工匠精神多点包容和理解。中国流行的是巨匠、巨擘，需要庞大或值得竖大拇哥。而工匠精神到了现代网络社会才重新流行起来，也不知道是因为我们确实需要，还是因为缺失。

有个朋友是做紫砂壶的，全手工。一般半年左右我会从他那趸个壶，林林总总，一大堆了。偶尔盘点，发现大多数都是光器，就是那种实用为主的传统器型，没有什么花活或是缀饰。又不能每把壶都用，偶尔换壶也是心情和季节使然，剩余的时间多少担负着摆设的作用，都质朴无华也不尽美嘛。于是，问他所以然，有点怪罪的意思。

朋友倒是安静，说，最简单的最难。壶这个东西是拿来用的，于是它的美在于用得便利、舒服，失了用的功能算艺术品其实也死了。在你使用的时候越没有存在感，不让你觉得别扭和不顺手，才是好东西。而任何一个壶，都是充满曲线和互相闭合的东西，它要顾及里面的茶叶怎么翻滚和舒展，也要照顾水如何流，然后才是壶的存在。壶的外形是要让你知道它能包容的东西，而不是它外形是什么样的。

光货的瑕疵是最显眼的，因为是光货，它表面的曲线带来的光影一定是确定的，是充满美感和过渡的。任何的线条和造型的缺陷，是一眼可见的，拙了就笨；过于灵了又轻佻；圆润持稳、内敛光芒是没得什么可以掩饰、转移的——它们都明明白白在那儿。

而且壶要烧，要选泥料，光货的泥料显而易见，够不够纯够不够老，越大面积的展示，越能显露。全手工嘛，除了技艺和纯熟，和心境、环境都有关。匠人都傻，也必须傻，做壶就是做壶，依着流程做就好了，但一方面要想象做出来的壶整体是什么样的，但每一刻做的事情却只和这个环节的一个点有关，串起来就是好东西，有一个点败了，也就整体败了。

壶和别的东西不一样，艺术品或许需要激情，做壶要的是安静的力量。在做壶的时候，不管之前心情情绪如何，做完之后还有什么事情要办，做壶的时候必须安静，安静不安静做成的壶一眼看得出来。你不是常打坐吗？那种感觉跟做壶一样一样的。

这样的说教跟卖货差不多，要说一个东西有价值，无非要么是充满故事，要么费了心血，最高境界自然是说这个东西是有生命的。但我现在知道了另一种价值，那就是工匠精神。

其实这个世界是实用主义的世界，精致的利己主义大行其道，贩卖思想、贩卖艺术，其实和卖东西都没什么差异。工匠精神，你再怎么喜欢或是鄙夷，总在你人生时时刻刻里如影相随。

人生的讲述总是只有开始和成功，中间的过程和失败总是被自己有意识地掩盖，除非那些失败值得炫耀。人生就是个怀揣梦想，却又埋头前行的旅者。回望的必然，在前行时都是犹豫不决的选择。你总以为技能和技巧可以成为安身立命的根本，却永远不明白你做出来的作品才证明你的价值。

人生的盛宴，不是你受邀参与、衣冠楚楚地出席，而是你在准备食材并下厨。你准备的材料，可能糊弄得了你，未必糊弄得了这个世界。你也或许暗暗操练很久，却在真正面对人生的时候惴惴不安。你梦想的筵席，和绝佳的食材中间隔着的，是安静的力量。即如一把壶和泥料之间，看似永远是个技能，其实是安静地去做，按部就班如仪轨，安静专注如婴儿。

或许你选择更灿烂、更美丽的人生，但前提是你不是为了遮掩你材料不好，中间不够安静，人生的技能不足。当你为了掩饰自己而装饰自己，为了无用而装出一副有用的样子，如那些花哨的紫砂壶，收获的或许是赞赏，其实是人生的硬伤。

世界从来都很诚实，你都骗过了自己，却骗不了世界。这个世界也很无聊，你以为费尽心血的人生，却被世界这个买家说三道四、指指点点。现实的生活，总被梦想叨扰得毫无心思前行。梦想和现实对立的时候，连安静的生活都变成了奢望。

不管别人如何评价你的人生，你注定是你人生的工匠。锻造自己的材质，学习需要的技能，将技能转化为能力。很多的失败是因为梦想太大，或是因为梦想而无视当下。很多的失败，无非是懒得锻造材质，懒得遵循仪轨。更多的失败，是努力掩饰我没有安静对待我的梦想，只是害怕自己的人生被自己的努力戳穿，我越努力炫耀我人生的花活儿，越让我的人生无用和瑕疵尽显。

我还有个朋友是做玉雕的，他把玉的美归结为对玉的敬畏，将作品归结为，在本质和祛除瑕疵之间寻找最美好的平衡。看似与做壶无关，其实如做壶一样，永远和人生有关。

最简单的最难，抱着对人生的敬畏，做一个自己人生的工匠。

恐惧和欲望轮回，成功和失败迭代

黎明总是纤细和充满变化的，点滴的渐变成就了太阳的升起，夜总是不知道怎么就黑了，黎明却在每一刻的敏锐里，渐次明亮。

你见过你城市的黎明吗？

因着自己是可以晚睡，不能早起的主儿，错过了太多自己城市的黎明。前几天，差旅间因为肠胃不好和蚊子的热情，迫不得已爬起来瞎转悠。

夏天的黎明，雾气一半是因为昨天的雨，一半是打扫卫生的扬尘。路灯忠于职守，跟有否人气无关，透过雾霭照下来，虽然清冷，但还算明亮。昨天的雨已无痕，就剩了一点点洇润，花草树木倒是有点精气神。

偶尔的一辆车开过去，自由驰骋而响亮，睡眼惺忪的人开车和看车开过都有点迟钝。黎明总是个蹑手蹑脚害怕打破寂静和争先恐后制造喧闹的时间，黎明前的黑暗开始反复的时候，灯次第地亮，食物的味道开始调戏夜的气息。满眼的物件开始清晰起来，步子不由自主地快些，黎明也就到了。

黎明总是充满欲望，不似夜已深沉时，每一盏灯的熄灭，都代表安静多一些，哪怕背后是无穷的欲望和恐惧。黎明的欲望总是充满竞争的，也让人充满危机感。浑浑噩噩里充满恐惧，却又充满欲望，这个城市的黎明多么像我们的生活，也就是我们的生活。

每一次的深夜晚睡，不代表我们多么努力和忙碌，只说明惴惴里明知自己荒废了一天。而每一次拒绝黎明里醒来乃是诅咒黎明，是畏惧面对总是不满意的人生，寻找一些逃避的理由。于是我们睡前充满恐惧，醒来充满欲望；睡前美梦如何不劳而获，醒来千方百计逃避付出。命运不会驱赶谁，但时间会，时间对我们而言，不是我们得到了什么，而是我们得不到什么或是丢失了什么。

黎明对谁都很公平，人却把自己分类了：醒来延续昨天失败的、醒来复制昨天成功的、醒来就为了跟昨天不一样的、醒来就是被迫醒来被世界驱赶的、昨天压根就没睡的、醒来就是醒来不知道为什么睡为什么醒来的、醒不来或压根不打算醒来的等等。

人生说矫情了是翻越一座座山峰，虽然绝大多数时间你深陷泥沼；说直白了无非是面对一个个的黎明，虽然绝大多数日子里你醒着和睡着差不了多少。我们感受的欲望和恐惧差不多一回事，怕失去、得不到而充满欲望，恐惧是因为你设计的、笃定的未来，永远和现实不合拍。

所以，我们善于在深夜里思索和幡然悔悟，然后在黎明重新叽叽歪歪、老歌新唱。我们在鄙视欲望的时候学会审视自己，在深夜里决定重新来过，但在黎明时刻重新欲望满满；我们在恐惧里学会认识人生，在辗转反侧里明白自己的重要，却在黎明到来的时候让欲望迭代恐惧。黎明对这个世界而言是新生，对你来讲是恐惧和欲望彼此轮回，成功和失败交相代替。

偶尔想，我们从不畏惧深夜，因为可以无限制地诘问自我、剖析人生，我们却畏惧黎明，畏惧看似即将的成功和注定的失败。成功总是即将到来的，失败总是在所难免的，这基本是人生的背景乐，起码是你自己喜欢的无限单曲循环。

我们越接近成功的时候，不是等待成功的到来，却是越恐惧失败。要么我们假装成功，可以堂而皇之地面对实际的失败；要么我们制造新的欲望去涂改理想，然后就能既重新开始，还可以不确定自己现在是成功还是失败。

我们打着渴望成功的旗号，重复每天失败的游戏，夜晚来临的时候警醒，黎明来临的时候惺忪麻木。充满渴寄，却永远不愿意开始行动，不在夜晚补给生命，而是消耗自己的气息。在黎明里咒怨疲劳，不得不复刻再一次的失意。

永远别期冀和欲望和平相处，那是一场无穷的消耗战，只单纯因为你既渴望成功也畏惧成功，把欲望的达成和梦想的成功画等号。骨子里你是想靠着成功去掩盖你其他的失败，于是注定在深夜里纠结，黎明前恐惧。如今的人，从来不害怕失败，因为失败永远可以寻找到最合理的理由，而且成功课足够多，可以无休止地学习复刻。我们总是躲避成功，因为成功需要你忘记欲望和恐惧，做你不得不的担当，去验证自己的人生。

或该，黎明时的欲望少一点点，拥抱自己的清醒而不是畏惧这个醒来；对人生的恐惧少一点点，努力去经历自己的人生而不是设计人生。不畏惧成功，也不畏惧失败，不畏惧自己必须去做的，不去揣测这个世界。

黎明总是纤细和充满变化的，点滴的渐变成就了太阳的升起，夜总是不知道怎么就黑了，黎明却在每一刻的敏锐里，渐次明亮。

洗澡的温度和孤独的力量

孤独的你，应该还是拥有温度，可以感知冷暖的你。

世界的冷暖、人生的悲喜，无非是你还能感知，无非简单地因为你是一个活生生的有温度的人。

孤独这个事情，是人总会很纠结。这个世界研究哲学、心理学的，多多少少都在探讨孤独。似乎孤独的问题解决了，这个世界也就美好了、大同了。

看到一则消息，有一伙科学家或是心理学家，研究了好几年，发现人的孤独感和你洗澡时的温度和时间成正比。温度越高、时间越久，你的孤独感越强，当然前提是你独自洗澡，还有这个机会和能力负担。

然后看到浴缸和浴室，就有点好笑和惶恐。想想也奇妙，孤独这个东西，一方面怕寥廓，一方面怕幽闭，是个左右不是、难伺候的主儿，却在遇到热水、浴缸和浴室时，土崩瓦解，瞬间奴性十足。这或许，才是真爱？阿呆爱上阿瓜，孤独爱上洗澡？

孤独一般会被描述成宿命，无非你永远无法感知别人的内心。即便感知了别人的内心，却无法感知别人的过往、别人的记忆、别人的思考、别人的身体，往高了说那是“受想行识”，五蕴空不空不知，也无法得知。偌大世界，看似你一直在和世界互动，却可怜得只剩下联系互动后深深的孤独感。

细思起来，也倒想得明白，世界很冰冷，于是内心很凄凉。人与人不能互相取暖，这个世界又总让你觉得冷酷，或是逼着你冷血，那洗澡温度高点自然是必需。借助外面的温暖，逐渐融化自己僵冷的四肢和心灵，这个跟悲伤后的热巧克力、暖咖啡，一条羊毛毯、一段音乐差不多。

时间长短值得回味思量，是用在洗澡上的时间多，还是用在胡思乱想上更多，抑或彻底什么都不想消耗的时间多些？对身体的关注更多，还是对心思？还是为了掩饰悲伤的泪水？还是可怜到，只有这个时间属于孤独的自己，其他的时间都是被这个世界压榨和瓜分着？还是如浴室歌王，只有这样的空间没有世界的评判，才自我感觉良好？

那孤独倒简单了，无非是你理解不了世界，世界不理解你。没有世界的叨扰和强迫，你才明白自己的存在，才能感知自己的快乐、掩饰自己的悲伤。一个有温度可以感知冰冷的人，需要和这个世界划清界限。

孤独如此看来，类同投降书。已经搞不懂是世界和人生让你孤独，还是因为人生和世界努力让你冷酷，你只好选择孤独自己。摇摇白旗，我不玩了，所以我孤独了？这无力得有点羸弱，这无辜得有点悲情，这悲伤得有点宿命，这无奈得有点值得恐惧。

如果孤独是可以消除的，人类早已经懒得探讨；如果孤独是宿命的，那我们需要寻找的，无非是如何能让孤独充满温度和充满力量。孤独有没有可能充满力量？让你与世界保持存在又和平相处？安静而有温度？有一点喜悦的光芒？

我喜欢冥想，在冥想没有流行的时候已经开始，流行了也在坚持。除了繁复的方法和仪轨般的遵循，其实各类的冥想，无非跟洗澡差不多，让自己和自己无关，让自己和过去、未来、现在的自己都无关。唯一好受点的，就是孤独感少点，自己都懒得审视自己了，怎么可能还孤独呢？

要说冥想与洗澡有什么不同，也无非是添加了一点安静和喜悦罢了。无论你是数息、忘记或观照身体和内心、断思离舍、无未来过去心、无现在心、无区别心、立意念或是舍意念，还是行走坐卧皆是修行，一呼一吸全然冥想。冥想的种类是够多了，但真论起洗澡和冥想的区别，也无非洗澡是逃避和享受自己，那冥想该是安静而充满力量。

当明白，这个世界和人生无论是善待你还是恶意对你，你都必然孤独。那你的逃避和悲伤，谄媚和铠甲，舍弃和拥有，并不会让你不孤独。你充满恐惧和欲望，分不清是因为欲望产生或是未达成造成你恐惧，还是欲望达成或是没有欲望造成你厌倦人生。最后你总要明白，恐惧和欲望，总不会让你不孤独。

你为了证明自己不孤独，所以满世界去证明你拥有的有很多。但因为拥有反而觉得孤独，你拥有的越多，你发现不能拥有的越多。太多的人本质上怕失去而不是渴望得到，如果你还想从这个世界里学习到什么，你或许就不能计算或保卫你已认为拥有的。只要计算你还能拥有什么或是不想失去什么，你的孤独总那么如影相随、深入心灵。

如果你孤独，那你拥有的东西也不是你的。你拥有的并不能证明你的存在，只能证明那些东西存在，包括你的记忆。当你越依赖这些东西去标记你的存在，你越不存在，因为缺失任何标签，你都不再是你，东西还是东西。当你依靠拥有什么而去驱除孤独，那拥有就变成了一种占有，你占有一切，也被一切占有。

冥想从来没刻意让你忘掉自己，强制安静自己，反倒是最终让你安静而充满力量。孤独或许也一样，当你以孤独为敌，期望战胜的时候，发现你不仅战胜不了孤独，还会收获恐惧。收获恐惧了，你还会让你自己产生无穷的欲望，利用欲望去掩饰恐惧，自以为用欲望的达成可以战胜孤独。而你正视、尊敬自己的孤独了，不再靠着洗澡或是冥想去驱赶孤独，你和孤独还是可以相安无事。

孤独的你，应该还是拥有温度，可以感知冷暖的你。世界的冷暖、人生的悲喜，无非是你还能感知，无非简单地因为你是一个活生生的有温度的人。逃避孤独最简单的方法，就是让自己随着这个世界的冷暖去消除温差，将人生的悲喜变换成温吞吞的经历。但结果是自己丢了自己，没有温度、没有悲喜的人生，或许更加孤独。你拒绝了冷暖的感知和悲喜，也无非是放弃了自己的存在。

时间本身很相对，你畏惧、悲伤时间的流逝，无非是因为过去的你走到今天，没有达到你预期的模样；或是今天的你，怎么看都不会达到期望的未来。这个人生总不会按着你的设计去经历，原因简单到每个人都是孤独的，因为孤独所以看待世界的眼光永远不一样，你却拿着别人的眼光看自己。反倒是冥想的寂静里，你不再观照自己的时候，看到了自己。这或许才是孤独的力量。

也或者，当你孤独里知晓自己的温度，知道外界的冷暖，明白自己是这个世界的一部分，那或许也就知道因为自己是世界的一部分，所以你才孤独。但同样要明白，因为你是世界的一部分才有温度和力量。不纠结是否孤独的时候，你充满力量；当不恐惧这个人生的冷暖，你知道自己是个有温度的人。

当你孤独，你才有可能和这个世界互动，你才能和你的过去未来一起经历你的人生。洗澡是冥想，冥想也是洗澡。这个人生，也就泛出点喜悦的光亮。这，就是人生的喜悦。

你欠人生一个梦想，欠梦想一个开始

梦想无非是给人生说，我还在。

不能实现的梦想大抵也就证明着自己不可能存在。那些可以开始的梦想，只是你欠人生的一个债，早还早了。

我辞职了。

差不多纠结了一个月，结束了这个职位七年的时光。其实有大约半年，一直问自己是否要坚持。当突然有一天明白，有问题出现的时候，其实答案已经有了，也就直接地选择了句号。

因为是合作久了，也就安排得较为停当，到最后一天自己召开会，宣布了自己的离职。靠着自己尚余的威权，明令禁止问我离职原因，所以留了半天的工夫收拾东西。

秋已深，阳光却温暖而琐碎。前些天的雨，在玻璃上留下斑驳印迹，于是此刻阳光在屋里也偶见明暗。一直觉得自己是个生活工作分得清爽的人，真到收拾东西时，反倒让自己有点诧异东西的繁杂——

十四本工作笔记，经了德式时间管理培训后，一直有随时记录的习惯。七年十四本，想来也不算多，倒是把七年和十四本画了等号，也就算是另外一种去繁就简，清明条理。

一些书，经济、管理、心理、哲学……独独缺了文学，内里还是有清晰的界定，工作和爱好还是分开了。倒是行业的书最少，符合一贯的学习风格，做好本行业的根本是充分从其他行业汲取知识。

茶系列，茶器顺手，杯盏罗列。都是朋友送的，因着也都很经心，所以平时不注意，收拾的时候很是点滴感恩。茶叶杂而多，白酒一瓶，跟自己日常生活茶酒的消耗差不多符合。

佛像、唐卡、佛经、沉香、香炉什么的。佛禅有求，求在己心，这些个最多算是个寄托，可以寄情不可寄物，但林林总总还是攒了一堆。平时观，为观个观己求静心，现如今安静地离开，暂时可以让它们寄居收集箱。

一些小物件，玉啊、木啊什么的，曾经的爱好罢了。礼物多是生日时各类朋友送的，都是一份情意。参差着，光笔就几支，跟自己在大家心目中瞎写东西的形象相符。几张装饰画、字画，风格迥异说明审美分裂，这是一个朋友对我的评价。

几张照片，孩子的画……

有个朋友说过，观察一个人办公室的物件，最能体现一个人现在的状态心境，也最容易了解一个人的复杂内里。在我办公室，他就曾经说过：你努力寻找的平衡，要么成就了你，要么你就会瞬间崩塌。你信仰的，是你能坚守的，但因为你信仰的，你就永远别想妥协。收拾临了，就这些东西，那我是什么样的人？现在的心境和状态如何？懒得想。

倒是细细算来，这半年给办公室添置的私人物品还真不少，约莫着五分之二。才明白，自己这纠结的，不停给这个工作环境增加一点附加的东西，想让自己晓得还值得坚持下去。按照经济学讲，不停增加沉没成本，用于抵抗机会成本。但真至决定离开了，附加的这些物件，都只会让你觉得累赘，还没有地方搁置、摆放。

这些年，一直敏锐找寻工作里有趣的事情，想方设法去把一件事变得有趣。然后在今天会明白，其实你喜爱的东西，无所谓有趣与否，你只会顺理成章习惯性地去做。真到了需要给自己的工作添加继续的意义、担当的理由、发掘有趣的事情，其实已然是意兴阑珊的隔夜茶、昨夜残酒了。当你努力想方设法去把某一件事变得有趣，其实已然无趣了。

骑驴找马是这个社会的主流，跳槽都是无缝对接，没有新的offer，现在的工作再不可忍受也要坚持。抛开生计问题，无非害怕世界跑得太快，自己被甩在后边。抑或是，忙碌成为人生本身，不管是真的忙碌还是假装忙碌，闲下来你会觉得自己就是个没意义的生命。

假装忙碌里骑驴找马，太多的人乐此不疲，于是，驴也骑不好，马也找不到。很多时候，左顾右盼闪转腾挪的，被驴发现了觉得难受，甩甩蹦蹦，你也就从驴上摔落。最后救命稻草般地抓住一只，十有八九还是驴，说不定还是只羊。

我倒是选择了，下驴走走。不会生活的人不配成功，这个世界总该是乐于和你共同展现美丽的。放弃才是开始，不是开始杀死过去。杀死你的一定是你的过去，因为你选择不放弃，自然没有新的开始。即如不是这个世界不允许你有梦想，而是梦想是被你自己杀死的。

你觉得亏欠的，你通常解释为力所不能及的。于是，你总是忏悔欠人生一个梦想，也只简单因为学会了忏悔，也就把梦想束之高阁、捧上神坛，落得个灰尘满满。我们经常擦拭昨天、幻梦明天，却从来不敢擦拭梦想。梦想越历久弥新，自己的人生越纠结得尴尬。

偶尔辨析自己的梦想，写作？旅行？无非是“在路上”和“存在着”的外化罢了。难道梦想不是用来实现的，只是用来证明存在的？还是梦想是否梦想，仅仅看能不能开始？

梦想不是给世界呼喊我来了，那个呱呱坠地的一刻已经昭示过了。梦想无非是给人生说，我还在。不能实现的梦想大抵也就证明着自己不可能存在。那些可以开始的梦想，只是你欠人生的一个债，早还早了。

至于你欠梦想的，一个开始罢了。

别为取悦“装出来的人生”，而对自己不认真

这个时代诡异到，没病不正常，有病扬扬得意。

或许，当你明白你所有的病，仅仅是因为你不想对自己认真，只是为了取悦那个“装”出来的人生，那些个奇奇怪怪的病该会刹那烟消云散吧。

据说万恶的美帝心理学家，视我们的幼小心灵于不顾，残忍地把自拍也列为精神疾病的一种。那么多自我感觉良好，展示自信和自爱的习惯，竟然是一种病？什么强迫症、拖延症、数字困惑什么的，似乎今天都可以堂而皇之地说是一种病。

忽然感觉，这个世界充满了浓浓的恶意，常说西医忙活一整天就是为证明你有病。反正我不能证明你没病、很健康，但是我能想方设法证明你有病。于是乎，满世界都走着形形色色的病人，病症不同但天下大同，大同在多多少少都有病。自己没什么可说的毛病，都不好意思出门溜达。

其实病不病的不说，因为恐惧这个世界的变化、这个人生的未知，于是你总是让自己先扮演一个世界认同的角色，然后你又在角色里自怨自艾。或许，这个世界最大的戏谑是你必须刻意模仿些什么才行，于是你那么害怕与其他人的不同，却又处心积虑地渴望展示自己的与众不同。你先把自己放进一个社会认同的模子，把自己砍砍削削，打磨完善，装入一个看似正常的标准，然后又因为渴望有所与众不同，四处哭诉你病魔缠身。

这个世界让你困惑，那只好装着明白这个世界，然后去找些有病的理由来欺骗自己。你总觉得世界是不会变的，人生一定是有范本的，跟别人一样，你才能成功，做不到复刻，大不了我就装。

假装活着，其实旁观着自己；假装忙碌，其实知道闲了还真没事情干；假装思索，其实用的是别人的脑袋和眼睛。装×不犯法，扮范儿吃得来！只要你愿意装，自然就能完美！

因为你在“装”，所以你有病。

病从何来？反正感觉不正常就是有病。但什么是正常，我也不知道，反正现在的人生不是我应该的人生。那什么样的人生才是你的人生？不管我现在如何，我起码要设计一下我人生的流程、标准、时效、目标、结果评定，稍稍背离了就不正常？还是，只有别人是正常的，我永远是不正常？于是，你有病。

还是，这个世界太强势，我只能装可怜？病了嘛，你们还好意思说我、虐我？羸弱身体、多情心思、屡受压迫、无穷欺骗，我就点小毛病，我都算坚强的，你们还想证明我没病？门儿都没有。我没病，谁还会有病？怕是，你病得不轻。

抑或，这个世界的美妙永远需要灵丹妙药才行？厌恶这个世界，给颗药丸，才好虚情假意地装作沉浸其中？我活下去靠日常的吃吃喝喝是不行了，没点治病加保健的药丸，那是不行的，能量块加千年参，我才能活下去。想来，你是必须有病才行……

你一直以为旁观自己的人生，扮演你必需的角色，这样你最不易受伤害，最轻松。因为你似乎不用为之受伤害，被评点的也是装出来的角色，也利于你设计你的人生，考量梦想和现实的差距。满身的病，也是这个世界强暴你造成的，唯一庆幸的是反正不是我，是我装出来的角色罢了。

你总是觉得先成为别人喜欢的样子，才能成就你自己喜欢的样子。你总觉得没有被关注的人生，就是最失败的生命。但你也明明知道那样装出来的人生与你半毛钱关系没有，于是成功装不成，只好选择装病。或是有朝一日，“装”也被认定为一种病？还是从来，“装”都是一种病？

这个世界是因为不同才存在着，你却认为只有“同”才能获取成功。扮演谁都不会让你快乐，包括假惺惺地扮演自己。只要你“装”，你已然病了，那些莫名其妙的有病，也是你为了“装”而收获的小情调而已。人活着最大的顽疾，怕是从来没有做过自己，人生最大的恐惧同样是下决心去活自己。

你做不到别人喜欢的样子，因为别人随时移情别恋；你“装”不出别人曾经的成功，因为那个成功已然是曾经。你不可能没病，因为你没有正视你自己；你不可能不恐惧，因为你设计的人生，总是被现实批驳得体无完肤。

只要你还决定对这个世界谄媚，无论是媚俗或是媚雅，你都会有无穷的理由去告诉自己：我有病。只要你还决定旁观你的人生，设计你必需的经历和生活，那这个世界也会“呵呵”地给你添加点疾病，让你随时痛楚和伤痕累累。你寻找一切可能的理由，可能的病症，来证明你不能享受自己的人生，来昭示你必须去“装”某一个与你无关的人。

这个时代诡异到，没病不正常，有病扬扬得意。或许，当你明白你所有的病，仅仅是因为你不想对自己认真，只是为了取悦那个“装”出来的人生，那些个奇奇怪怪的病该会刹那烟消云散吧。

我有病，谁有药？

这个人生谁都不能替你旅行

网上晒人生，最令人痛恨的行为，排在首位的是“晒旅行”，道理很简单，你去了我不能去，你在旅行我在这出苦力，于是最值得内心咒怨。

这或许就是旅行本身的意义，没人可以替代自己，因为你在旅行所以值得羡忌。

前些天，故宫、克里姆林宫都推出了网上3D，轻触鼠标，细枝末节都可以欣赏，恍若亲临。互联网可以让你跟世界任何一个点无缝对接，毫无延迟，那些渴望探索世界细节的人，坐在电脑前就可以替代旅行。

偶尔追溯一下自己年轻时候少有的浪漫，有那么一次就是站在涨潮的海边，举着手机让手机那端的人，倾听海的声音。热切地渴望他/她感受海的亲切，似乎他/她能身临其境。忘了对方是谁了，也忘了有否感应，只是记忆里多了些举着手机随着海浪的蹦蹦跳跳，椰林夕阳，晚霞一抹。

倒是前几天登山，因为累了，跟朋友说，你到山顶替我感受一下，拍几张照片，权当我上去了，我不想上了。朋友蛮严肃地说，谁能替代你的旅行啊，没人替着你累，也一样没人替你去感受山顶的风光。

那我们值不值得苦着自己的苦，去看那些说不定也不算美丽的风光？

人类最大的悲哀，或许是经验不可传递。于是犯着一样曾经千百遍的错误，还傻呵呵地快乐，悲伤地纠结，不停地轮回，这或许是上帝最大的阴谋和恶意吧。现今时代，人们聪明多了，寻找捷径登顶，连成功都是有方程式、有流程的。照着这个架势下去，上帝要么灭了人类，要么人类成为神。

可惜，人生要是一场旅行，那总有到不了的地方，总有选择的机会或是被选择走的路。按着别人教导的路走吧，总感觉是被束缚和制约，总觉得自己还可以更好更自由；不按别人的路走吧，要么磕磕绊绊彻底没有方向和依靠，要么就有点太苦太可怜。于是很可惜，到如今，还是谁的人生谁自己过。

遗憾的是，总有那么多想去却不能去的地方，总因为选择而让自己追悔莫及，总有那么多的曾经让自己恨不得擦掉重来。更可悲的，是本来能到的地方风光无限，被“黑导游”忽悠到人造的风景，捶胸顿足。自己选路吧，怕后悔，真让别人选了，又觉得自己成了行尸走肉更不甘心。看似有人可埋怨了，最后发现谁都怨不得，还得自己走。百转千回，辗转反侧，沉沦纠结，喜忧难计，却还是发现这个人生谁都不能替你旅行。

人生最不缺乏的就是导师或是自以为是导师的人，无论你是牙牙学语还是青春热血，或者成熟稳健，甚而垂垂老矣，太多的人依着他们的眼界和经历，告诉你世界是什么样的，你应该如何度过。于是你收获无穷多的世界，不知所措，没有始终。

在他们的眼里，世界对你来讲，无所谓好坏，只剩下是否应该。一半是爱你，一半是希望控制设计你；一半是希望你快乐，一半是让你避于伤害；一半是为你设计捷径，一半是炫耀他自己的曾经；一半是为你成长剪枝，一半是咀嚼他们曾经的伤痛；一半是让你了解因果，一半是他们对结果自己都怀疑……

人生在世界的眼睛里，似乎很二元对立，你要快乐就不能悲伤，你要成功就要遵循仪轨，你要不受伤害就要远离未知，你要成长就必须经历成功者曾经经历的，你要存活就不要计较存在，人生就是一个结果而不是一种原因……

于是，人生看似不能被替代，世界却让你活一个别人的人生，偶尔你也很情愿、很享受。按理说，就算是旅行社设计得事无巨细、分秒必较的行程，也不影响你以你的视角看风景。现如今，却成了行程已定、画面视角由着他人、旁白和解说词都跟你无关、心情记忆都要学会复刻，这个人生的旅行近似行尸走肉、僵尸游走。

欲望时代，总缺少石破天惊的人生。潮流社会，每一个人，看似都差不多，却又努力显得与众不同。与世界同步，才能保证不被抛弃，却又需要小心翼翼地特立独行，才能被同路的人关注。越是提供生命尽量多的可能，人们越是选择把自己归类，寻找归属。

信息时代的信息从来不是邪教，但你会选择心甘情愿被洗脑，人生的旅行越来越像一场角色扮演（cosplay）。不管你是想与众不同还是想展现自我，因为你关注的，不是你自己人生的旅行而是别人可能的旅行方式，无意的相同或是刻意的不相同，其实结果类似。

那如果是自己的旅行，这个人生又该如何去行进？

遵从自己的内心？从心不是“怂”吗？不是有点“惊”和“悚”的意思，就有点怂恿的不怀好意，或是有点畏惧胆怯世界的难堪。其实人生的旅行无非是改变和经历，可以坚持坚守所做的，却不能固化自己，随时需要警醒的无非是自己是否已经把自己的人生旅行变成了鬼打墙，相似的人生一遍遍地重复走。

据说人是否觉得幸福，总是不由自主地盖棺论定。梳理过往，临近这几年的感觉才决定了当下觉得是否幸福快乐。那你就该明白，其实之前的伤痛和坎坷，可以咀嚼但不影响你的现在，如果最近的幸福感决定你当下的，那只需要现在让自己的人生旅程丰富些，没事少挖掘自己过往的悲伤，或是给自己的坎坷记忆添砖加瓦、添油加醋。

你的世界注定是你的经历和视角决定的，偶尔记忆跳出来捣乱罢了。任何人的视角都可以借鉴，但你永远无法经历别人的曾经，所以你也没必要渴望或被迫接受别人提供的捷径。模仿谁都不会让你像别人，只会让你更不像自己。你可以以世界的眼光去看待得失，但不能以别人的眼光决定自己的未来。

畏惧坎坷和放弃快乐基本属于同义词，恐惧无非是觉得未来自己不能承受或是跟自己的想象不一样。快乐不可能如期所至，没有超乎你想象的东西，最多是接受和平心静气，如何有快乐的感觉？快乐是经历来的、发现来的，不是逃避来的。你总庆幸自己没有遇到悲伤，其实无非是说自己也无权多一些快乐。

旅行久长、人生漫漫，因为你总是不能和别人融合，倒不是世界不接受你的独立，而是你总是觉得和别人不同，总是觉得一直跋涉在争取与别人相同或是立志与别人不同的旅途中。于是，八成你会患上“广场恐惧症”，基本和自暴自弃差不多，既达不到又回不去，却忘了人生的旅行是向前走，而不是审视自己和周边的人有何不同和相同。

人生不是实验室，却干着实验室的活儿。你没必要成为小白鼠，于是你的人生总是需要你自己经历。验证自己而不是验证别人，享受自己而不是被别人享受，选择自己而不是被别人选择。只有尝试得更多，你才会在最需要选择的时候依凭自己的内心决定；只有自己拥有更多的实验人生，才能知道舍弃的是你该舍弃的，存留的是你必须存留的。

爱可以教育，却不能代替，这是人生最让人纠结的吧。将就着复刻别人的人生，或是让谁达济天下地替我的人生去旅行，都还可以忍受，连仇恨都可以人云亦云让别人帮着承担。偏偏这个爱，谁都替代不了你，爱是个连自己都恍惚的事情，如何让别人替你经历？下决心不爱也罢，却连人生旅行是否需要都开始含糊。没有人替你去爱，你也就没可能让别人替代自己的人生去旅行。

旅行本身充满意义和你想收获的结果，却发现要么是为了逃避现在，要么总是和自己想象的不同。而旅行的快乐，都在于发现和惊喜。据说网上晒人生，排在首位最令人痛恨的就是“晒旅行”，道理很简单，你去了我不能去，你在旅行我在这出苦力，于是最值得内心咒怨。这或许就是旅行本身的意义，没人可以替代自己，因为你在旅行所以值得羡忌。

人生的旅行本身没有意义，因为开始得不知起始，结束得不知所终，但不管你愿不愿意活着，这个人生谁都不能替你旅行。

四季轮回的路上

四季告诉我们自然的轮回，

我们却在轮回里遗失自己。

无语的初春

春来得毫无疑义。

因着南北奔波，今年的春天反而有了更清晰的感觉。

南国的木棉开得热烈，在那些四季如春的城市里，春天只是意味着某些花儿要开的时节。绿如四季般地浓着，木棉红得耀眼，一些如绢的花儿点缀着。南国的春天，只有心境是春天吧！

而京津如旧，春天如旧。阳光暧昧，因为风已经不那么冷了，灰蒙蒙里，有微微春的躁动。土地灰黄着，但隐隐有了参差的绿。河里的冰已经开始消融，风筝开始有了，于是天高起来。空气有沙尘的味道，味觉里有、嗅觉里有，很有质感。

及至西安，迎春喧闹，玉兰雅致，接续着杏花浓淡，桃花打眼，柳绿如纱笼随风微摆。天蓝得远些了，云白得轻些了，绿色开始泛出了，蔓延起来，如少女初敞的心扉……

突然就在初春里无语了。都是春天，那么多的不同。但自己骨子里或是因为知晓着时节更替，开始自顾自地想与这个春天共鸣，于是不由自主地张着细微的触角，触摸着春天的气息。渴望着被春浸润，满脑子的天线伸展着，那些微的春天都想感应得到。于是，反而无语着……

看到一句话：What we talk about when we talk about love？（当我们在谈论爱时，我们究竟谈论什么）看到这句话，想说些什么，再想想，却又无以言表。像极了这个春天，那么毫无疑义的春天，却不知道怎么表述，却又那么的清晰。春天总是那么让你来不及言语，就轻巧地改变一切，包括自己曾因为冬天的残暴而瑟缩的身体与精神。

“当我们在谈论爱时，我们究竟谈论什么。”这是直译吧。有细微的无奈、孤独、空落，甚而一些禅意。无语的春天，倒是离春那么近着，触摸着，被春追逐着，追逐着春……

虽然无语，却是春天……

这个夏天不太热

这个夏天不太热，于是竟然有些恍惚季节与所在。

古都的风调雨顺，让城市郁郁葱葱和洁净。自从有外地朋友提起古都的树好多，自己也留意起来。这几年城市的建设者们也得窍与讨巧地在城市里栽着树，那些四面八方或是城市拆迁遗留的大树们，从此不必担心被砍伐与杀戮了，活得恣意和滋润。这个城市与树的感情在日益增长。

不热的夏天内心却隐隐地郁结，那天随手写了一句话："每个人都在浪费生命，只是成功的人浪费少一些而已。"写完竟然是瞬间的惘然，本还算经典值得得意的话，却有淡淡的恐惧飘出了。谁在浪费生命，谁在浪费我的生命？

今年我在和田玉啊、茶叶啊、书籍啊等等闲情雅致上，真是没少下功夫。期冀着靠一些外在的爱好、物质，可以让自己静心，但总是适得其反。夏天是个火热的季节，我却如初冬般紧绷着身体与精神，没有目标猎物，内心却充满着战斗。人生里的战斗是快乐的，其实已经与收获无关。唯一值得安慰的是，我在做着这个行业谁也没有做过的事情。当你去做那些未知的、无可借鉴的东西时，战战兢兢之余，那种热情与必胜的心态，会让自我微微地有些光亮泛出来……

战斗不都意味着胜利，但战斗一定意味着死伤与血泪。不战而屈人之兵，那是面对敌人；针对自我的战斗永远是血淋淋的……破茧与割裂，抛弃与拿起，从思想到人生一直未间断。刮骨疗毒是大英雄，那还得靠着神医。现在是自己拿着刀屠戮自己的身体与思想，毅然决然，鲜血淋漓。痛其实不是问题，血是问题，痛引起的麻木是问题，痛引起的忧郁是问题。刀须锋利，使力须准确果断，部位要准，不予残留，手要快，血要尽可能地少流，止血要专业而快捷有效。刀永远没有杀气，眼有杀气，对自己要有杀气。

告诫自己，任何的犹豫都是对自己的不负责任，就像你自己浪费的永远是自己的生命。就如武侠片里看到的，励精图治卧薪尝胆地去杀灭一个仇人，最终的结果别人只是淡淡一句：你以为你杀死的是我，其实过去你已经为了杀我而杀死了自己。

雨开始下了，“夏雨偏有秋雨意，零落且将檐铃乱”。这个夏天不太热，于是徒生着这许多的乱思，知道自己在告诉自己什么，知道未来自己需要对自己杀戮什么。

这样的日子里检索自己的未来而不是过去，晦涩地说着自己的战斗。杀戮自己在每一天里进行着，只有不停地行进着这些杀戮与割裂，鲜血才活跃着、温热着，才可以检索自己的未来，而不是检索过去。

这个夏天不太热，虽然有些恍惚与疑惑，但喜欢这样的季节里这样的自己。

秋天的雨

秋雨很坚守，自顾自连绵了几天，人有些灰色的顾影自怜。

一段时间了，摒弃自我的灰色，强制自己快乐恬静。但当明白自己不是万能的时候，还是灰色到一塌糊涂。这是应该隐藏的季节，也是应该收获的季节。女人们开始隐藏自己，从服饰到妆容。一整个夏天的肆意后，应景的该有所藏、有所敛，反而摇曳得多姿与隐约起来，有点味道、有点隐藏。这样的初秋，月朗星稀，天高云淡，舒服。

收获多少，总是在于是否盘点。很喜欢秋天里，站在窗前，或蓝天，或是雨云飘忽，算是一种冥思。坚守的理由很简单，“人生不能没有进步、没有改变”，几乎成了自己的心障。其实同样很明白，很多的改变与期望，是需要机缘的，心缘加机巧。

有些简捷的、很通透的话语，如“Know when to fold them！懂得何时投牌认输”。人自身的发展与进步，更多的是面对矛盾，某个点位的矛盾不足挂齿，瞬间释然。内心期望与现实之间产生的矛盾，就有些错综复杂，有些是失落，有些是诧异，有些是不了解，有些是目标不一致、有些是权谋……但唯一缺的是坚守。肉体一般不会让你投牌认输，但精神不一定。在你决定寻找理由不坚守的时候，你已经认输了。

这么多年来，恍然大悟的东西不多，数得上的一条就是“坚守”。成功除了运气，其外的就是专注、坚守、付出。但太多的时候太多的人，问太多的“为什么”了，求太多的“得到”了，而缺了坚守、专注、付出。在黎明前倒下的，不一定是懦夫，但一定是那些很在意别人眼光的人！人生若有成功，也自然不会属于这些人。

天已经晴好了，晚霞美得让自己驻足无思。虽然每个人本质都有些孤独，但自己或许不愿表述自己的孤独。就像晚霞的美丽，虽然知道结果，但依旧自顾自地美丽绝伦，变幻无穷。

冬至的阳光

冬天本身不是暧昧的季节，但冬至的阳光很暧昧。冬至到了，阳光在清晨的萧索里，喷薄而出，却在跃出后，无力地金黄。今天是阳光最短的日子，却也是，阳光重新开始生长的日子。

老是担心自己学佛成魔，难得那天一位朋友告诉我，佛魔本共生——谢谢他。思辨到行动，多语到无言，现在的我倒是又回复到沉静。冬日需要藏养，今年却在冬日里频繁奔波与思想碰撞。想来人生无非是个顺势应境的关系，势至此，事也必须至此吧。在每一个节点里选择要做的事、要走的路，但不能每次都选择最容易的。

这一年——

喜欢满溢的感觉，但不希望自己的人生满溢。圆满是对每一件事情、对人的要求、对自己的审视常见的诘问，可是圆道周流，没有圆满的圆满，才是当下与喜悦的本来。人生本来只有当下的存在，当下的喜悦，当下的吸引，当下的闪耀，当下的映照……

友情是一种品质。这是这些天的一些感悟，友情不是针对某一个特定的人而言的。朋友说，看一个人最简单的方式是看他如何对待家人。友情是一种品质，所以不存在只对你一个人好的朋友，那更多的是依赖，更多的是维系，或是一种习惯罢了。

爱是花的开放，是芬芳，是闪耀光芒。爱不是展示最好的一面给你爱的人，而是，如花朵般绽放。没有花自责自己的不圆满，于是才会那么美丽。莲花不探究自己是否美丽，莲花只是静静地开放。

责任，不是我告诉你的责任，而是你自己告诉你自己的责任。担当了，才有当下，才有自我，才有喜悦。人们总是努力寻找自我，但却因着寻找自我，反而遗失了自我。自我如梦如幻，越努力回忆越不知其所以然。不要尝试把自己阐述得毕露尽现，学会向着光明看过去，而不是在光明下审视无边的黑暗。

不要以爱恨的名义，成为别人的羁绊。人生的伤害不怕以恨的名义，就怕以爱的名义。因着爱，你让多少人与事变得面目全非，不忍目睹呢？如果你的爱是为了别人痛苦，这将比恨更绵延无期。恨比爱长久，爱比恨更有力。爱该是一张到达自由的通行证，而不是禁锢自己或别人的一纸判决书。

音乐与书籍。当我被音乐清空，又被书籍填充的时候，很快乐，很幸福，眼睛很明亮。学会拿画家的眼光去读懂音乐，以音乐的眼光看待绘画，让我得到更多的惊喜与快乐。

我知道我的终极使命是死亡，但当下，我有太多的使命。自己给自己的，别人给自己的，自以为别人给自己的。于是一个涅槃接着一个涅槃地前行，燃烧得自己筋疲力尽，幻化得千奇百怪，有些沉淀与烧灼的骨头还在就好。

而当下这一刻，品着茶，燃着香，安静地等待或安静地不等待什么。

春天不远了吧……

你穿的鞋是什么无所谓，脚上的泥才决定你是什么样的人

我想，朋友总是那个让你知道鞋上还有泥土的人，替你保养这双鞋的人，或是帮着你擦掉这些泥土的人。

有朋自远方来，大学同学。

时间是不是杀猪刀不好讲，但岁月一定是涂改液。总是怀疑对面坐着的人，恍如隔日，却又面目全非。承认面目全非了吧，却又有蛛丝马迹的亲切。

学生时代，他是风起云涌、畅快淋漓，一直感觉会在仕途的路上走得很完美，却因为自己觉得不能把命运交给体制，不能让自己的未来掌握在别人手中，选择了职场的各类辗转。

说起职场，只有大小的区别，形式却不一定决定内容。职场有道德，但跟社会的道德体系不同。博弈加人性，永远是职场的主调子。探讨完这些，我奇异于他职场经历为什么辗转这么多。

他说，我们总是很在意我们的未来会不会更好或更糟，但忘了不是明天的好决定你今天是否留，而是现在的你是否有底线。如果一个职业位置让你觉得，已经出现你不能忍受的底线，那不管它未来如何，你都该离开了。因为你永远不可能保证当下的自己是快乐的，这个跟是否有其他的 offer 没什么关系。

至于说机会，因为我们总是大而化之地看这个社会，条条框框，自己适合的自己不适合的，这个跟按图索骥差不多。我们纵向地看我们的行业，平面地看世界。如果你有机会立体地看世界，就会发现除了距离产生的机会，一样有空间高低产生的机会，甚至会发现有些看似不相干的东西是重叠或是彼此有联系的。

倒没什么醍醐灌顶，无非是活在当下和立体看世界的职场解读模式，倒是什么是朋友这个值得自己多思量一下。

朋友在孩子时，只是玩伴罢了。可以一起玩，或是提供新奇的玩法、玩具，可以一起去冒险和做坏事，就是好的朋友。可以随时吵架，随时和好，朋友无非是另外一个自己，或是希望成为的自己。青梅竹马，两小无猜，离别依依，转瞬即忘。

大些了，朋友是影子，是倾诉的对象，是狂欢的玩伴。你记忆深刻的朋友，要么是一起做过坏事，要么是你替他或是他替你背过黑锅。烦恼时最佳的垃圾桶，快乐时最佳的小喇叭。充满背叛以及和好如初，最支持你的不是你的朋友，但戏谑你最狠的却是朋友。你永远选择和你类似的，却永远因为过于类似而选择离开。

大学时代的朋友，第一次开始扮演角色，在群体里学习如何存在。张扬个性却随时比较周边，开始寻找玩伴之外心灵的相通，却因为各自的成长莫名来去。开始纠结在自己的独立存在和朋友之间的距离与互动中寻找平衡。你不甘心在朋友圈里的角色，却永远无法选择换个模样，除非你选择离开。

你开始寻找有用的朋友，闺蜜也好哥们儿也好，你在定义自己的同时，也在定位他们的价值。可用的不可用的，有什么用的，你越分类越糊涂。闺蜜都是大杀器，哥们儿最擅长背后捅刀子，当你觉得他们有用的时候，他们自然会考量互相的付出。或许这样的互相杀戮，会持续一辈子。

最不需要朋友的时候，你总觉得朋友很多；最需要朋友的时候，你发觉少得可怜。你以为朋友可以交换悲喜，可以作为依靠，可以给你力量。却发现，朋友还需要经营，经营就有项目，就有费用，就有可能亏损。除了吃喝玩乐，你也不再追求是否懂你，因为连自己都不懂自己。

有那么一天，你发觉不像过去了，曾经的朋友总是有人主动选择离开，不再是朋友。而现在，大家都很默契，不再联系，走着走着就淡了，淡着淡着就消失了。哪天遇到，却跟什么都没有发生似的，互相埋怨，却又继续离去。

当人生只剩下挖掘记忆而不是新添惊喜的时候，朋友却成了值得咀嚼的东西。人总是在不能随便咀嚼食物的时候，开始反刍咀嚼自己的记忆。朋友却又光芒四射地出现在记忆里，披着七彩的霞霓，证明的是你自己曾经的辉煌。

朋友真那么的不堪？那么的去留有意、得失无凭，还无法左右？

或许有一生的朋友，只是需要你确保自己独立的存在。当你的朋友和你，在记忆里都是独立的存在，不是依靠着共同做了什么、彼此给予了什么时，朋友或许就是朋友。在生命里，你观照他的成长成熟，包容他的成长成熟，承接他成长成熟中给予你的伤害。不再纠结在彼此建立的友情里，谁的空间大谁的空间小，而是拓展这个空间。学会在友情里享受自己，分享快乐。

或许朋友也就是一个支点，让你可以借助着撬动你想撬动的人生，但永远别指望朋友帮着你建筑人生。朋友或许是个避难所，但你永远需要记住外面的世界还是需要自己去经历。学会在自己辉煌的时候拉着他到前台，在他辉煌的时候争取做个观众击节赞赏。或仅仅做一个彼此的见证，做彼此人生的见证者。

也可能，朋友就是那个镜子，他不告诉你你是什么样的，只需要你自己看你是什么样的。他告诉你他怎么想，选择总是你的，他会说：你的决定是你的，但我会支持你。他只会在你需要安静的时候告诉你，在你需要热情的时候点燃你，但永远不强制你。朋友总是那些若即若离，却又时刻可以感知存在的人，在你老去的时候坐在你身边帮你回忆自己。

朋友一直是平等的，因为对面的，其实是另一个自己。他告诉你世界在他的眼里是什么样的，至于你眼里的世界，不强求你，他是你另外的眼睛，你有可能经历却没能经历的。朋友探索的世界或许永远不会和你重合，却在经历上偶尔有点交集，让你可以多开一扇窗，打开一扇门。

曾经有个老师，他告诉我：人生如何，即如你脚上的鞋子，你穿的鞋是什么无所谓，关键是你鞋上的泥土有多少，都是什么。

于是我想，朋友总是那个让你知道鞋上还有泥土的人，替你保养这双鞋的人，或是帮着你擦掉这些泥土的人。

孤独是与生俱来的宿命

满世界懂你和不懂你的人，应对着分分秒秒都在变换角色的你。

当被懂得成为一种奢望的时候，爱不爱就算不上命题。

秋天是个衡量的季节，老话来讲，要么贴秋膘，要么泄暑热，主要跟春夏的体重、精气神有关。

朋友总是把我当作个静心冥想的好去处，有点波动的时候，习惯性地招呼我。因着我的懒散，很多朋友的联系都属于“被联系”。你就看吧，什么时候一个很久不联络的朋友联络你，要么是心情波动了，要么就是有高兴的大事了，借钱还钱的倒不多。

敏锐在这个时代基本被定义为敏感，于是我这个理工科脑袋偶尔就被别人定义为入错行的。钝感被装饰成麻木的时候，只有拿着更多的可以计算得失收益的事情充实自己。于是，偶尔来个朋友，在我这儿做些心灵倾倒的行为，自己倒是有点小小的兴奋和期待。

朋友形容自己是一个飘在空中的、线已然断了的风筝。生活很好，工作很忙，但觉得离自己好远。我们知道孤独是与生俱来的宿命，无论再多的事情也是需要自己面对的。他觉得幸福这个东西是存在的，但说自己幸福的人多少是有点虚伪的。在他看来，懂得比爱重要，但真正懂得自己的人实在是少之又少。而他追求的懂得，也许是另外一种虚妄……

“放飞自己，御风而行。”年轻时，这是每个人的梦想吧，抑或是每个人释放自己、成就自己的一种赌注。赌不来未来，也要赌在当下。只是不太明白，那个拿着线的自己和空中的自己究竟是怎样的一种关系。譬如常听人说的，我觉得我离自己越来越远，那么前边这个“我”和后边的“我”又是什么关系呢？是那个拿着线的自己更稳妥，还是那个放飞的自己更理想？

生命总是会自己寻找出路。如果抱着唯有死亡的瞬间才懂得自己的想法，那么，人生这个旅程未免有点艰辛和凄苦。人生最伟大的事情一定不是死亡，而是你还活着。但如果你缺乏对自己生命起码的尊重和敬畏，那就只好在浑浑噩噩中来来去去。

你拿无穷的理由和事物去充实自己，然后自以为可以不孤独。但奔来忙去，反倒在看似充实的状态里倍感空虚，甚而有点厌倦这样忙碌的自己。你是因为孤独才觉得艰辛，还是因为，没有理由不面对你的人生而感到恐惧？看着自己，永远是，一半迷恋一半恐惧，一半美丽一半丑陋，一半是自己一半是被迫的自己。

你给自己寻找选择的理由，但永远披着“被迫”的外衣。让你承认你有选择的权利，比让你承认你自己独立活着还难。你有权选择孤独，也有权选择幸福。但你既不敢幸福也不敢孤独，更不敢选择，你需要“被孤独”“被选择”“被幸福”。

一个懂得撷取幸福的人，是不会虚伪地面对人生和自己的。

人生最大的欺骗也不是别人给的，而是自己不停地欺骗自己。

懂得谁都很容易，心灵鸡汤、信仰经书、励志利器，俯拾皆是，抬眼满目。前几天在左岸读书讨论心灵鸡汤，“心灵鸡汤到底要不要、好不好？你不知道是母鸡熬的还是公鸡熬的，也不知道鸡是怎么长的，也不知道熬制的过程和作料，这个鸡汤不喝也罢。但你有意识地去开放自己的视角，去从只言片语或是有点绝对化的语言里了解得更多，心灵鸡汤永远是鸡汤，裨益很大”。其实再多说几句，心灵鸡汤是对你自身经历的提炼和警示，那是好东西；但如果仅仅是为了逃避，给自己寻一些名言警句，那不是蜜糖，必是砒霜。

推而广之，那个你渴望懂得你的人，你没事倾倒自己思绪的人，你是希望对方给你找些理由让你安慰自己，还是，让他真实地告诉你，你所有的理由不存在，你的问题，是需要你真实地面对自己？

“放下”还是“拿起”，是心灵鸡汤中最多的成分；“当下”和“舍得”，是心灵鸡汤最多见的招牌；“得失”与“快乐”，是心灵鸡汤最常用的容器。可惜的是，你不懂有时候拿起是放下，放下是拿起，比如爱和恨；你不懂当下不是无视过去、将来，而是建筑未来的过去和未来的当下，比如坚守的现在；你不懂笑看得失，不是想得得不到、想付出却不敢付出的理由，是你付出你应该付出的，耐心、喜悦、安然地等待结局，比如承认世界的公平，而不是寻找付出和收获的即时。

你要求那个懂你的人，懂你未来应该成为的自己，还是现在的正在进行的自己，还是那个在两者之间跳跃变换的自己？有时你自己都厌恶自己，却还要求对面的那个人闪转腾挪、随时招呼、随时感应变幻莫测的你，我想，他要么累得像条狗，要么厌恶你厌恶得可以。

被懂得是这个世界的奢侈品，比爱还稀缺。倒不是资源有限、价格高昂，只不过因为你自己不懂得自己，因为你自己厌恶那个随时变换姿态、随时寻找理由的自己，于是也就找不到随时懂你的人。

对自己慈悲，对大众慈悲，爱是不是更高级些？拔苦与乐，最难的不是行动，是看到苦，是能给予乐。这放大了说是慈悲，往小了说，就是爱。爱没那么复杂，也很轻盈。只是在你思考付出和收获、拥有和占有的时候，很沉重也很虚假。

满世界懂你和不懂你的人，应对着分分秒秒都在变换角色的你。当被懂得成为一种奢望的时候，爱不爱就算不上命题。对自己担当比担当责任苦难得多，于是你既不追求懂得也不幻想爱或被爱。

我们谁都不是放风筝的，也不是那被放的风筝。然而意欲懂得自己懂得他人，倾听也很重要。

这个秋天，秋老虎依然在嚣张，但从秋的絮语里懂得，是时候静下来，听听内心的声音了。

过去是过去的过去，未来是未来的未来

过去是过去的过去，未来是未来的未来。

惊喜总是来自意外，悲哀却总是来自时间的理性之中。意料之外或许有悲伤，验证的无非是对待事物、人和环境的珍惜或自以为的拥有。

今天看到一篇文章，大致的意思是在投资、管理等方面，很多时候无所事事反而会比即时行动损失得少。时间是个概念、是个单位，但有时候也仅仅是个概念、是个单位。

勤劳的人会惴惴不安一切时间的流逝，我们的父母、整个社会，也在谆谆教导我们珍惜时间，要求我们有时间概念。于是时间不紧不慢、按部就班地流走，我们需要紧紧跟随，毫不犹豫。游手好闲的我们，假装很正经地做着很正经的工作，努力而事无巨细。但每天结束，问问自己都干了什么的时候，通常也就是说什么也没干。但是真要你闲适地待上一天，无所事事，你会不断质疑你的选择，时间的流逝成为一种头脑认识里的放纵。

骄奢淫逸当然消费了时间，也消费了金钱，没有哪个人不明白，于是谨言慎行，小心翼翼，自责和惩戒。其实很多时候，我们以为的时间概念，造成的损失会更大。

这个时代是伟大的时代，我们见证着一切事物的变化，适应着一切事物，包括环境、内心、人的变幻。时间什么也没有改变，期望时间改变一切的人都是痴心妄想，针对结果的感叹永远是义正词严。其实时间改变的是人、是环境、是内心。微博的大行其道，使太多的人找到实话实说或是胡说八道的理由，还有那些嚷嚷着“旁观也是改变世界”的人，其实多少都有些意淫和自我膨胀。

我们从来没有机会记录时间，我们旁观的最好结局也无非是见证。过去是过去的过去，未来是未来的未来。惊喜总是来自于意外，悲哀却总是来自时间的理性之中。意料之外或许有悲伤，验证的无非是对待事物、人和环境的珍惜或自以为的拥有。

时间如今在你我生命里，阶段性地存储着记忆。在这些随机储存的片段里，时间或快或慢，似乎与现实里的时间无关。我们努力活着，也仅仅努力见证这些个随机片段。或许很久以前就明白，你永远过不了你期望的生活，因为时间流逝了，你的内心、你的环境、你的事物都改变了。

“活着。”这通常是别人问候我近来如何的回答。不是矫情，是“好好活着”比任何事情都重要，否则你连见证时间的机会都没有。这个时代被我们遇见，是幸运还是悲哀？时间都来不及让你表白就行进下去了！

时间的花儿开了，只要你没有在追随时间的流逝中流逝自己。不要总拿着时代变迁的理由、人生匆匆太匆匆的理由，变幻自我的身形，否则时间不会开出什么花朵。时间没有变快，你的内心跑得太快了。这个时代没有让你透不过气，而是你气喘吁吁的奔跑让你窒息。在焦躁症里荒废时间，在奔跑里浪费金钱。于是，欲望没有让你强壮，而是更加虚弱。没有改变、没有行动我们就觉得有损失的时候，时间就在旁边不紧不慢地讥笑，默默地流失。

佛求得证，静求己心。时间总是要在你的内心刻着各样的记号，这个跟你是否愿意无关。这个时代要求你姿势多变，该匍匐的匍匐，该直立的直立；时间也折腾得你不停地翻跟斗，秀出你的花样年华。你的心倒是需要永远地直立向前，否则你永远战胜不了时间，哪怕时间的花儿开了，你也见不到。

这个世界已经太复杂了，模仿勤奋和教化，模仿那些成功者的优良品质不足以让我们逃离时间的陷阱。没有太多的成功可以复制，而时间的花儿开了，也是因为内心的那个你还在。

失去时间的同时，你是否在失去金钱？失去金钱的同时，你是否在失去时间？其实我们什么都不怕失去，最怕失去的是因为追着时间而跑掉的你的内心。

时间的花儿开了。时间没有四季，开花的时候只要你在，就可以见证。

孤独之书

不要一头扎在外部世界和人际关系里，却放弃享受美好的孤独。

生活是苦的，但该有它原本的甜蜜

常有人说，不去雪山寒水间留恋驻足，只在四方街踯躅的，都是不怀好意的人。

但，可以让我沉醉的四方街的半糖，可以让我更加清醒的伏特加，总还值得我为之牵绊。

四方街

“先有四方街，后有丽江城。”

四方街不四方。现如今，四方街是游客们的丽江签到处，热闹从清晨开始，人群像变身的蚁群被扔到广场上，喧嚣爆炸般散开，然后流向丽江的各个街道，只有河水如旧的安静。间或有些仪式般的表演和各类民族的舞蹈音乐秀，围观的和表演的都尽职尽责，彼此代入着、混杂着，既不穿越也不隔世。

及至晚了，人们不再那么有序地流。彼此慢下来，穿插着，没了喧嚣，都游魂野鬼般溜达。酒吧什么的音乐千奇百怪地透出来，搅在一起，喝多的时候，不敢动脑袋分辨，否则容易头晕。月光清冷，抵不过河里的灯光，琼楼玉宇俱澄澈，也就俱虚假。

半糖

“Deep Spring”是个酒吧，却也卖咖啡。明清调子的屋子，木扇窗棂，原木的桌椅，光溜却感觉粗糙。木地板吱呀呀地响，一点原生态都没有，直如城里姑娘扮村姑，道具够了，妆化得有点过，毁人毁感觉。

在四方街，我只喝伏特加和咖啡。啤酒轻薄、茶水复古，四方街里，伏特加让你更清醒，倒是咖啡让我迷离。伏特加烧得自己有点五迷三道，却清醒异常的时候，我总是要两杯咖啡，半糖的。然后出门去找四方街街角的流浪歌手。

流浪歌手不悲催，唱着快乐的歌，他不拿着民族或是悲伤唬人，有词有调淡然不忧伤。丽江是属于失意和艳遇的，故作姿态才能有料，于是没人喜欢，所以只有我喜欢。他唱歌的时候，我看蹲踞的远山，看银河慢慢地流，啜着咖啡。等着他歇了，一口喝完，总会看着我，咂吧着嘴，例行公事地问：半糖的？我就笑，他就摇头。每天都有，还冤大头似的，嫌我光给咖啡不给钱？

然后就有点恍惚要醉的感觉。箕坐在流浪歌手身边，要他弹我能和的曲子。被我一次次打断后，就剩了“朋友别哭”，还能彼此忍受，哼完皆大欢喜。我继续进去灌伏特加，他继续等伯乐，虽然永远没戏。我走早的时候，会给他一杯纸杯的咖啡，他走早的时候会进来招呼。

四方街 + 半糖

生活如忙碌的四方街，活着就剩下半糖。24 小时的忙碌，就算人烟散尽，悄无声息，四方街也是随时待客，随时准备做生意。谁关注过四方街的凌晨？偶尔招牌霓虹亮着，偶尔的醉酒的人，雾气在河里泛着，爬上街面，石头路润得出水，却一点静谧的感觉没有，仍是隐隐地蠢蠢欲动。

四方街如这个生活，没人是不带着目的去四方街的，哪怕那些觉得人生没有意义的人，可惜最后都变成了欲望。也没有谁不带着目的去生活的，同样最后也都变成了欲望，反而麻木了自己。

如这个歌手，爱着音乐，执着着自己的执着，每天地唱，每天地歌，不停地写，淡然而快乐。可突然觉得自己唱得不错，写得不错，为什么不让更多的人爱我呢？我不花俏我不流行，我不迎合这个四方街。我应该成功啊，哪天我才会成功呢？

可终于哪一天明白，我是爱音乐的啊，我是因为爱音乐才歌唱，为什么变成要成功我才坚持歌唱呢？那个朋友没有给我扔钱，而是给我一杯半糖的咖啡，因为音乐他醉了，还是因为这个半糖的咖啡？

而我，在伏特加里清醒，在半糖咖啡里沉醉，不应景、不顺势，于是半糖的刚刚好。谁生活的苦都是属于他的，像咖啡总该是苦的，让咖啡品质更好些，甚至还需要一点酸。半糖总让我明白，生活本来是什么样，同样也可以有些回味的甜蜜。真到了醉时没有学会清醒，醒着没有知道品味半糖，活着不易、醒着痛苦的地步，也不过是四方街上游荡的孤魂野鬼罢了。

四方街的半糖

四方街的半糖咖啡，让人沉醉。喝酒越来越清醒，不是一种好玩的事情，身体翻江倒海，大脑孑然独立。即如我们的人生，欲望和占有，折腾得我们形容枯槁，我们却乐此不疲。买醉才能面对这个世界，卖笑才能忍受自己，于是喝不喝都要醉一下，这样的日子更好挨过去。

四方街八百年，四方街美丽而无错。至于你把四方街当作了邂逅、圣地、欲望、猎奇、占有、逃避、涤荡，等等，跟四方街无关。于是你的人生，也如这个四方街，取你所需的，也就注定麻木而纠结，最后急匆匆地奔离或是装作沉醉盘桓其间。

倒不如啜着咖啡，在微苦里享受一丝丝甜蜜。微苦的平静，小口地啜，温暖而清澈，层次丰富而内涵清晰，苦、酸、甜、温度，随时变化却又宗旨明确。或许这样，人生也就可以试着在半糖的咖啡里沉醉。

常有人说，不去雪山寒水间留恋驻足，只在四方街踯躅的，都是不怀好意的人。但，可以让我沉醉的四方街的半糖，可以让我更加清醒的伏特加，总还值得我为之牵绊。

其实，那个久违的自己从未远离

初心难忘，自我难寻。不是这个社会多么可恶，把你涂改得自己认不得自己，或是强迫你不做自己。

社会对谁都不会那么邪恶，因为你普通到不值得世界关注。于是，没谁做不了自己，只是问问自己，你愿不愿意做自己。

前些天，有朋友去了藏区，据说是寻找自己去了。回来一起聊，我讶异于他的皮肤没有什么高原红，他兴奋地告诉我在那里找到了久违的自己。

他说到了雪顿节罗布林卡的晒佛。当那无比庞大的佛像慢慢展开，人们将哈达抛上去的那一刻他觉得自己如婴儿般纯初。雪山在远处映着无比蔚蓝的天空，周遭的一切声音都消失了，脑海里只有纯洁二字。可现在的自己羞愧难当地成熟着，竟然需要仰视那个久违的自己。

我倒是想对他说，原来那个久违的自己，在那个无比圣洁的地方，说远也不太远，那找回来不就得了？

勿忘初心，这是个鸡汤类命题。在鸡汤里，世界上的人一定是比现在的多得多，因为每个人都丢了自己。这个世界也一定很奔波、很忙碌，因为太多人都在寻找久违的自己。这个久违的自己，是在遥远的圣地，还是在什么穷乡僻壤，还是隐于自己的周遭，若即若离飘忽着、模糊着，为你心痛也为你不屑。

世界很单薄，人生很深厚，所以你纠结于自己是否按照自己的轨迹在走。老是觉得自己丢了自己，在哪儿丢的，是自己不小心，还是被迫？是因为害怕原始的自己，还是演别人演上了瘾？还是觉得丢了蛮好，没有那许多的纠结，老是问自己是谁，那多么无趣？还是，反正这个世界麻木和坚强大致一个意思，麻木反而偶尔显得更能接受打击？

丢了的可以找回来，被抢走的可以夺回来。怕只怕，演出太尽兴！娱乐无极限，快乐永远不是看着自己，是看着自己去演别人。痛苦了是别人的角色问题，不是我明星般的出演有什么问题。错误永远不在自己，免责的人生反而容易，车险首选不计免赔，不知道人生能不能，演了别人就似乎有可能。

演别人总有倦的时候，名角还怕自己局限于某一种角色，在每一次的演出和角色选择里，争取突破突破自己。可惜你，演得驾轻就熟，是绝不愿意再去换个什么莫名其妙的角色，那太挑战，也太没有意思。你总是觉得，学会偷懒的都是聪明人，努力突破的都是自作自受。那还是做个千年老戏骨，谁都是别人戏里的配角，将自己变作自己的过客。

其实，谁也丢不了自己，谁也没有被谁抢走自己，谁也不是戏如人生，人生如戏。或许，仅仅是因为你恐惧你自己。世上最有力量的东西，要么是可以摧毁你的力量，要么是那些看似柔弱却直击心底的东西。纯初的婴儿，让你开始爱得泛滥。只可惜，真的面对纯初的你，你不是久违的快乐，倒是无限的恐惧。做一回久违的自己，远比让你去出演变换的角色难得多，充满了恐惧。

恐惧自己，是你自己建立起来的。因为你已然界定了你的所谓的正常，任何正常之外都是恐惧。你总是对那个自以为的自己的正常和那些所谓的已知依赖，要么演绎别人，要么忘记自己，这让你越发恐惧即将发生的事情。于是，你真的怕的不是别人，是自己，那个久违的自己。那个不能摧毁你，却一定纯初得让你羞愧和心疼的自己，如婴儿般的自己。

你的恐惧来自过去的记忆，来自对未来的臆想。你总是尝试解释生活，而不是面对人生。解释的目的就是抛开你的责任，洗清你应做的。于是，你丢了自己，而且还义无反顾，毅然决然。

为什么会在某个圣洁的地方，或是自以为的地方邂逅自己？你安静了，还是逃离了那些纷扰？还是，仅仅是在那里才发现，自己一直没有远离。有个朋友问，你为什么学佛？我说，因为不想轮回。他说，轮回不是佛的教义吗？我说，不是吧，轮回是告诉你，今生你没有做自己，下一辈子需要重新来过。睁眼闭眼，呼吸之间，造的什么怨业魔障，也无非是自己割裂了自己。

反正你从来没有打算活一回你自己。这个世界属于孤独，没事审视自己倒是成了打发寂寞的利器。于是，闲来无事，你总是寻找那个久违的自己。这个寻找自己的旗号比寻找自己的目的重要，原因比结果重要。那你的人生不是不停等待结果的过程，倒是辛苦劳作，一直在种些原因的种子。一次次丢了自己，一次次寻找到自己，再一次次怕了自己，于是邂逅自己却即刻分离。生离死别也就这样，凄凄切切也就那样，喜的是找到久违的自己，悲的是立刻忘记了这次偶遇。

初心难忘，自我难寻。不是这个社会多么可恶，把你涂改得自己认不得自己，或是强迫你不做自己。社会对谁都不会那么邪恶，因为你普通到不值得世界关注。于是，没谁做不了自己，只是问问自己，你愿不愿意做自己。

该是，那个久违的自己从来没有远离。只是等着你做一回，久违的自己。

你的单枪匹马，你的兵荒马乱

这个世界没有兵荒马乱，这个世界谁都是单枪匹马。

春天来的时候，雾霾少了，雾霾元凶——“私家车”可以长舒一口气了。

据说，堵车可能导致抑郁和路怒，那种无力感和离目的地近在咫尺、远在天边的愤怒，对人很是摧残。但万万没想到，前几日一个心理研究却表明，现代人很享受堵车的感觉。因为，只有堵车的时候，人才是属于自己的，才有独处的时间，才能和自己不再战争。

世界是兵荒马乱的，你是单枪匹马的，这基本是你生活的现状。我们经常性默不作声地就崩溃掉了。我们看起来无比正常，我们渴求别人对自己真诚点，我们很有教养地面对这个世界，但心底已然积累太多的糟心事。你不会歇斯底里，也不会打打骂骂，更不会毁物摔门，忘了流泪是什么滋味。

你会突然地在某一个时刻，也就那么一秒钟，不是压死骆驼的最后一根草放上去了，而是什么也没有发生，没有预兆地，你沉默，你不想思考，生死都不想了，默默地崩溃。你外表看起来正常得不能再正常了，连朋友圈发的都是快乐得不能再快乐的句子和照片。

但是，你就是崩溃掉了。

突然你觉得，倾诉或发泄的时候，其实你并没有崩溃。你找不到人倾诉或不敢倾诉，或压根不想发泄的时候，你才是真的崩溃了。你会按时回家，却一定会在开门前深吸一口气，或在敲门前迟疑那么一秒钟。堵车的音乐在耳朵里不在心上，外面的嘈杂内里的安静，安静得不知所以然；你在车上刷手机，刷得不知所以然。

然后你才明白，世界没有兵荒马乱，你自己兵荒马乱，你自己单枪匹马。

你发现自己很坚强，压根就不脆弱，只是你不知道为什么要坚强，能不能不坚强。一个人的战争，还不是面对什么敌人，面对的是自己。你发现对谁你都可以真诚，就是对自己不行。你做不到冥想，也怕去冥想，因为最终你还是会思考如何真诚面对自己。

你开始明白身闲心苦，于是你拼命运动，让身体忘了欲望。可是，越健康的你，越充满欲望；越充满欲望，越开始焦虑；越开始焦虑，你也就重回老路。崩溃还是会慢慢地来，像沼泽里的你，慢慢地沉下去。

读书、爱好、填充生活，忙碌得没有时间思考。你突然发现，你越充实，你越有空闲审视自己。那个种子种下了，不管你如何面对和扼杀。似乎任何的负面信息都是最好的营养剂，最混乱的生活就是最好的土壤。

呼朋唤友、纸醉金迷？你发现喝酒不如打点酒精，你需要的是遗忘，不是喝酒的过程。你永远把握不住可以沉迷的那一刻，要么醉到无比清醒，要么醉到忘乎所以。能躲的躲不掉，想忘的无比清醒。

你想拿事业告诉自己过去是值得的，现在是应该的，未来是美好的。但你比谁都明白，没人在意你是否成功，因为大家都一样的兵荒马乱。你发现过去不值得，现在莫名其妙，未来压根就不会来。

爱情？你以你的方式小心翼翼地爱，却被人以最无情的方式告诉你，人家要的不是你给的那样。你敢追问，你想要的是什么样的？别人会告诉你，连我想要的你都不知道，你凭什么在说你的是爱。

亲情？友情？没有谁会替你选择，只有人负责建议；没有人告诉你什么是对的，但一定会告诉你什么是错的。站在你面前的，不是背对着替你遮挡这个世界，多数的还是面对着你谆谆教导。

是不是感觉死了都解决不了问题？

不要再给人生寻找理由。我们寻找一切堂而皇之的理由，来说服自己为什么这样。你的理由越多，越天经地义，越是心虚。需要担当的东西，没有什么理由，寻找的理由，都会让你在未来崩溃。

选择的机会和能力一样的重要。思考得太多，就是失败的开始。给自己更多的选择，却需要在最短的时间做出选择。选择的能力比选择的机会重要，沉没成本永远没有机会成本重要。

对自己真诚。你最大的失败就是对自己不真诚，你拿着因人而异解释你的生活，却忘了人性总是那么的一样。你拥有的人性才是决定你的东西，那些与众不同，只是让你更快乐或更悲伤罢了。

善良一些。人生最大的善良是真实，你面对世界面对别人，善良的标志就是告诉他们，你需要还是不需要。你不需要的，不因别人的真诚你就勉强接受；你需要的，告诉别人，得到了感恩，得不到笑笑。

这个世界没有兵荒马乱，这个世界谁都是单枪匹马。

我们别算命了，
“命”一直在算计我们

你选择的就是你的命，你努力的就是你的“算”，你为之改变的就是你的“运”。

真正改变了，也到达目的地了，就该是改变命运了。

前一段时间，管理了一个工程，赶了赶工期。

算起来是个文化旅游项目，走的是时下流行的“长短纵横学”。现如今国内的思想算是相对包容度高了，类似纵横、长短类的，也纳入了国学体系，这算是一种进步吧。毕竟自从儒家成了正统，类似纵横、长短之类的思想，有点乱国乱政，一直被打压得可以。

***

高手都在民间，偶尔有朋友路过，会提一些建议。那天有个

朋友看了，说：你们干吗不在里面盖个庙啊？

盖个庙？

对呀，怎么说，鬼谷子也是道家真神，王禅老祖不是白当的。再说了，一个景点没庙，谁来呀。中国人嘛，一庙、二墓、三祠、四遗迹、五博物馆。咱的文化就这德行，有得拜，有得求，转个运，许个愿，算个命，求个神，到哪都是必须的啊。

这么个意思啊？！

哪么个意思？你还算半个文化人呢！也干工程呢，第一是人，第二是钱，第三是风水，第四是形势，这合起来就是你的命。有逆天的心和胆，也要有逆天的 × 啊。

滚蛋，我是文化人。

早说你缺流氓气吧，还不信。只是说，中国人先讲的永远是命，连今天几点出门，穿什么衣服，吃什么东西，朝哪个方向，干什么事情都最好算清。事情成了是命，成不了也是命。你不顺势应景，也一样是得不偿失。

你到底要说什么啊？

没要说什么啊，点破不说破。你以为能算出命运，其实命运一直在算你。形势好了，你觉得自己该得的；形势不好了，不是别人的原因就是命不好。一怨命，再怨形势，三怨风水，四怨没钱，五才怨人。怨天尤人，那是必走的流程。天又没惹你，人都是你找的，风水简单的就是讲个藏风聚气、见山见水、天人合一，你都不管不顾，你的命何必算？！

哦？那我到底算不算命啊，还是请你算啊？啊哈哈哈！

哦？！算啊，算吧。谁的命，自己都算得清楚，你自己不爱算罢了。你选择的就是你的命，你努力的就是你的“算”，你为之改变的就是你的“运”，真正改变了，也到达目的地了，就该是改变命运了。至于，你爱咋咋地，我就是我，不一样的“窜天猴”，最多，那就是嗖的一声上去，啪的一声粉身碎骨呗。

***

或许这个时代，给了人太多不一样的命运，也就给了人太多的不可捉摸。当自己不能确定自己为什么会这样、会沦落至此的时候，自然而然把命运拽出来，没事埋汰埋汰。

什么能比命运更不可抗拒？什么又比算出未来更让人趋之若鹜？未来是变化的，难道不是我们对生命最大的尊重吗？为什么期冀最好的是，有谁把我的命，算得明明白白，有章可循呢？

想来也是，我们总不会把我们过去的成功描绘成运气，却一定会把现在的困境形容成“命”，我们一定会把未来交给“运气”。只要你进入这个循环，其实你的“命”算起来都很容易，拜哪座神佛菩萨用处都不大。

有了五行八卦、生辰八字，还有星座血型，再不济还有塔罗灵签，风水阴阳，阳宅阴宅，算不尽一江春水向东流。都算尽了还不行，怎么着，还有求神拜佛，许愿还愿。最最不堪的，是拼得一身剐，也要胜天半目子。

总之，命运这玩意儿，是你不如意时最好的慰藉，成功的时候是压根想不起来的。而算命嘛，信命的人不算，不信的算，算了还信的，估计现在活得都不咋样。

我有个副业，帮孩子取名字，赚点零花钱，还积大德。都说女孩子取名看诗经、男孩子取名看周易。做个“文化人”，玄学也要懂一些。鸿儒研易，文人读经。朋友们总是问我，起个名字真的那么重要吗？我说很重要啊，孩子是独一无二的，且不论你的期望是什么，多少要有点说头和祝福在里面吧。

他/她是独一无二的，所以你总不希望阿猫阿狗的都一个名字，你对他/她寄予了那么多的期望，干吗不在名字里表现出来，让名字的解读也有点意思呢？他/她要被叫一辈子的名字，你总还是希望有点内涵没有歧义，好听好看吧……

但谁都别指望一个名字可以改变命运，这是我免责时候常说的。你没必要把命运算得清楚明了，因为要么你是受了心理暗示，走了别人说的路数，要么就是放弃了自己的选择，忘记了改变，压根没有努力。

想来，人生就是起个名字，期望很好，独一无二，这个事情起码是要准备做的。然后的，“命”你不用算，“运”你自己来选择、努力、改变。

要不，别算命了，让“命”算你得了。

鸡汤都流成河了，还安慰不了你?

可惜的是，不是每条河都可以走到大海，有些入了地，有些入了湖，有些被别的河流吃掉。鸡汤这条河，要到哪里去呢?

雨这东西，到了夏天总是脾气古怪，难于捉摸，总是带着哪位妖精渡劫的征兆。妖风阵阵，云做地狱之门，然后就呼啦啦啦地下。雨这玩意儿，下啊下啊下啊，问题都不大，真就剩了下下下下，就会成灾了。此时的南方，该是下下下下下下下了吧。

于是就想，人不管是矫情还是爱比喻，诸如“悲伤成河，思念成灾”，都是站着说话不腰疼。真成了河，真成了灾，没谁能继续作。灾难面前安慰还来不及，来不及悲伤，来不及哭泣。不是人在现实面前有多么清醒，多少是了解自己原来什么也不是，乖乖地认清了现实。

近期随便成“河”的东西不少，这十几年从涓涓细流到泥沙俱下的大河，从惊为天人的小清新到路转黑解渴都嫌有毒，还是架不住鸡汤成了河。

鸡汤开始流行的时候，大约是个活在当下的主题，也大约是东方文化被西方囫囵吞枣了一遍，咀嚼了吐出来，便宜消化，味道不错。学太极拳学歪了，变成了健美操，但是看着还行，喝起来有点洋饮料的感觉，觉得自己赶了潮流，得了真谛。

中国文人码字本来就辛苦，训诂考据的清朝遗毒不浅，突然可以轻松地写东西，还有人愿意看，一窝蜂地奔过来，励志、安静、阳光、乐观、美、发现、经历……鸡汤美味，暖心养颜，纯度都不错，有益身心健康。还多少是土鸡瓦罐，慢火轻煨，加点盐和胡椒，撒点葱花就成。

再后来，突然发现意淫不行，万恶的社会要的是成功，没钱还阳光明媚，也就是个太阳当空照，花儿对我笑的主儿。于是成功就成了一门学科，成功学看着比励志的鸡汤实用，鸡汤变实操，实操有工具，工具有手册，亦步亦趋成功指日可待。原本求个内心安静祥和，寒冷里求得一丝温暖和阳光，转瞬间鸡汤成了武器，和这个操蛋的世界宣战。

后来的后来，结局大家都想到了，败了呗，没败给岁月，败给了成功。鸡汤是不行了，虽然咱能直面血淋淋的现实，但我疼啊，我伤心啊。来点止疼疗伤的，伤痕文学摇身一变成疗伤宝典；要不打点鸡血，权当功能饮料；兴奋剂＋褪黑素，基本套路来个遍。满血复活，涅槃重生，鸡被烧了那是烧鸡，凤凰是没戏。

竟然还不行？为什么不行？我是不是病了？人性啊，心理啊，遗传啊，童年经历，健康啊，我非得找点什么病不可。原来人性如此，原来我心理不够健康。苦研心理，学习心理窍门，锻炼体魄，意志坚定。吸引力+自控+积极心理学+行走，人生就是和自己的战斗，战胜不了自己如何战胜世界？接纳不了自己，也就不能和世界和平相处。

乖乖哩个东，到这时候，鸡汤妥妥地成了河，五味杂陈，怪味胡豆。没点抵抗力的要么是选择困难症，要么就得肠胃极好，否则拉肚子小事，脱水可有生命危险。

完了吗？完不了，招数用尽，需要点偏执狂或是信仰。我就这样怎么着吧，这个很流行，我愿意我这样，你管我怎么样？我想睡谁，我想媚谁，我高兴我就笑，我不高兴我就哭。怎么，你看我不顺眼？别看啊！你说我辣你眼睛，请你在临死前闭眼。我以为的就是我以为的，你说我活自己其实没活自己，关你何事？我不仅说，我还写，我还喊，我还就这样。

够闹心了吧，还好鸡汤在这拐了个弯儿，鸡汤为了绕过现实这座山，分了个支流叫静心冥想。大河弯弯，静水深流。我随缘，我变换看待世界的方式，我充满信仰，我静心冥想。世俗击败的都是欲望，人与人的冲突都是自己内心欲望和恐惧的轮回，我认清你们的嘴脸，我就得到精（shen）神（jing）的升（zi）华（sha）。随缘就是不用努力听天由命，静心就是麻木不仁得过且过，冥想就是一个新的胡思乱想代替旧的胡思乱想。

至此，鸡汤已然浩浩汤汤，四季轮转，永不枯竭。

但可惜的是，不是每条河都可以走到大海，有些入了地，有些入了湖，有些被别的河流吃掉。鸡汤这条河，要到哪里去呢？

人类热衷于解释一切事物，但最无力的确实搞不懂自己，连打呵欠和安慰剂效应都搞不明白。打呵欠无伤大雅，明白与否与人类进步关系不大，这个安慰剂效应确是人生法宝，治世良方。安慰剂效应，又名伪药效应、假药效应、代设剂效应（英文：Placebo Effect，源自拉丁文placebo解“我将安慰”）。指病人虽然获得无效的治疗，但却“预料”或“相信”治疗有效，而让病患症状得到舒缓的现象。

是不是很鸡汤？不能确定的效应，但让你感觉起来不错。这是不是鸡汤成河最终的归宿？或许，鸡汤这条河流啊流啊流，有朝一日，安慰剂效应搞明白了，鸡汤也就明白了。原来的原来，鸡汤可以这么的科学，这么的神妙莫测。

那鸡汤都成河了，还安慰不了你？

请你在坚强后学会温柔，在温柔前学会坚强

请你在坚强后学会温柔，在温柔前学会坚强！

六月来的时候，麦子熟了，该收了。偏老天爷不给面子，总是隔三岔五地下雨，于是上演了龙口夺食的好戏。

雨多了，绿色显得清亮而洁净，青翠欲滴。最好的绿色，最蓝的天，这样的绿色是让人欢喜的。既不是夏末与炎热折腾很久后的深绿倦怠，又不似春末还有点嫩嫩的单薄。

人总是喜欢这样的感觉，矫情的说法该是：希望你既能坚强地面对这个世界，又能温柔地面对自己的人生。

潜台词很简单，这个世界很无情，你学不会坚强就只会受伤，但真到哪天你坚强了，你多少也没了人味儿，还要重新学习一下如何温柔。更深的潜台词，希望这个世界能温柔待你，而你只需要坚强地与世界、或是人生博弈。

***

前几日，朋友圈有朋友吐槽，她越来越很讨厌《欢乐颂》里的安迪，觉得矫揉造作、强势而不温柔，真需要温柔的时候竟然那么虚假和恐慌。

电视剧我不追，大致角色设定倒是耳闻一二。一个从小受伤，被父母抛弃的孩子，凭借着一己之力，最终活得滋润强势，这是能博得观众喜爱的人设。反正混在这个社会，差不多的人都会认为自己是最凄凉的那个。

你没人帮，你没出身，你拼尽全力，走到有饭吃、有地儿住，不太看别人眼色的地步。但是每天醒来，都是战争，精疲力竭，却佯装坚强；佯装坚强了，却感觉孤军奋战；孤军奋战了，就开始渴望温柔。

到此，你已经无限接近崩溃了，因为温柔会让你觉得不堪一击，不仅你自己学不会温柔，也害怕一切温柔软化了自己。有“壳”的时候，我们感到束缚，没“壳”的时候，我们恐惧受伤。

我们把坚强放在温柔的对立面上。每一天我们都人五人六地活着，夜晚来临或是独处时，我们小心翼翼地脱下外壳，上面密布刀砍斧剁、雨雪风霜、血迹灰尘……在我们细心将它们修补完毕，看得我们心疼，看得我们心凉，看得我们想起一个东西，还可以叫作“温柔”的东西。

你不敢温柔了，因为你从来没有坚强过。你不会温柔了，因为坚强的你，虽然孤独，但起码可以与外壳对话。

***

又到毕业季了，大学生们热情似火地冲到社会的汪洋大海中。我曾经开玩笑说，我们总说时代是一股洪流，你们都以为充满温度和热力，其实社会彻彻底底对于你们，就是一股寒流。感冒都是小事儿，不给你落一个风湿后遗症就不错了。

世界上的谎言，最容易扮上鸡汤的模样。“对这个世界温柔以对，这个世界才会温柔待你”。敢于这样的人，不是活在青春剧或鸡汤文里，就是神经错乱，或是成了受虐狂。

收藏起你廉价的温柔吧，这个社会暂时不需要，你的温柔只会变成别人的工具。学着坚强，学着强大，学着让别人意识到，你既能保护得了自己，又能反击一切伤害，还能保持善良之心，这样的“气场”才是坚强。

你楚楚可怜的样子，博得不了同情，只会让你更绝望。你越坚强就越独立，那些抱团取暖的，都没那么坚强，都还需要再坚强一些。

与其你接受不了现实，变得应激障碍，还不如早早学会认知疗法，真正面对自己应该做的。学会收藏起你的温柔，学会变得坚强。

温柔永远是一种强大的力量，但运用的人一定无比坚强。

***

想来那个讨厌安迪的朋友，既没有学会坚强，也不敢于温柔。而那些急匆匆离开校园的孩子们，连回头望一眼的心情都没有，却以为温柔可以战胜世界。

人生就是一块自留地，种什么怎么种，那是你自己的事情，但是结什么果，收成怎么样，却是很繁杂的活儿。

前几日陪朋友去租赁一块流转地，和农民伯伯瞎聊了会儿，说到贫穷的原因，那些活得还滋润的人，给我说了句民谚，“只有人亏地，没有地亏人”，属于付出总会有回报，做人人当自强的俗话版本。

想来，坚强也好，温柔也好，都是这块地上长出来的，你左右不了这块地的好坏，但可以改良，你无法预计天灾，却可以避免人祸。坚强让你可以正视这块地，温柔可以让你决定长成什么样子。

于是，请你在坚强后学会温柔，在温柔前学会坚强！

人生无非是一种坚持，坚持到你不能坚持

很多当初你不曾挽留的人，你最终念想得越深；
当初你依依不舍的人，却从你的记忆里消失了。

春天就是那种，你内心躁动，不是温度到了，而是心到了的季节。

然后也是那种，你刚刚得意于自己知冷知热、顺势应境地增减衣服，一个倒春寒，不是料峭两个字可以形容的，真真是比冬天还冷。

或许是老了，还是生活安稳了，也或许是去年大学同学会积攒了点聚会的遗毒，这个春节觉得最有意义的事情，是和L去找T。T是我们曾经共同的同学和朋友，但八九年前吧，因为一点琐事，我和L都离开了T。T也是倔脾气，后边也没有联系过。

这些年里，我和L偶尔会说起T，几乎每次的内容都差不多，

但结论总是不一样。大致无非是那几个绕轱辘的东西：是 T 不够意思；是我们太小心眼；T 还是不珍惜我们，要不早找我们了；我们也做得不对，干吗还计较那些事情；T 或许早不在这个城市了；T 家应该都拆迁了吧……

今年春节和 L 喝酒，说到 T，那些话都说尽的时候，我们突然发现没必要再重复地说一遍。我们可以去啊，可以去找记忆里他的家啊。如果一切如前，那么我们打声招呼；如果已经没有痕迹，那我们也就不会再那么的纠结，当作酒后每一次都需要提到的，如下酒的菜肴。

然后，第二天下了雨，春天的第一场雨，冷。我们真的决定去了，老的社区，房子没什么变化。为了找到那栋楼，第几层，哪个房子，在楼与楼之间徘徊了很久。努力地搜索记忆，从中学一直到八九年前。然后的然后，找到了。

疑惑地敲敲门，轻轻地的敲。

敲门，再敲门，再再敲门。

没……有……人……

研讨半天，应该是还常住着人，不是没有烟火气的样子。有点不甘心地下了楼，问了几个含含糊糊的老人们，大致是 T 的母亲还住这，T 已经搬到外面住了。这会儿 T 的母亲不知道干什么去了。

等了一会儿，空白的脑子，彼此看了一眼，走吧。

有一种感觉是既不快乐也不悲伤，也不惆怅，也不烦躁，脑子里空空的。我们说，我们的缘分大致如此了，或许以后我们不会再聊T，也可能会一直聊到我们忘记。或许哪天晚上能拜访到T的母亲，那我们，也或许又能见到T了。也不知道T这个狗东西，会不会想起我们，也或许压根不想，可想起的时候又是一种什么心情呢？

这竟然是我这个春节觉得最有意义的事情？

为什么不呢？

总觉得人生就是个迎来送往，迎接的时候总是欣喜愉悦，送别的时候总是感伤遗憾。但实际呢？迎接的时候都是邂逅，送别的时候都悄无声息。还有更多的，像这个春天，以为满满的春天就要来了，一场倒春寒，都不知道还能不能等来春天。

很多当初你不曾挽留的人，你最终念想得越深；当初你依依不舍的人，却从你的记忆里消失了。

人就是这么个怪东西，在没离开的时候，你的沉没成本越高，你越不想放手。但真的放了手，因为过去的沉重，你反而轻飘飘地遗忘了。因为你说服自己的理由，就是那些东西付出得不值得。因为不值得，你自己都会限制自己再想念。

反倒是那些莫名其妙离开的，偶尔让你觉得还应该有一个结束的仪式，或是应该真正地搞懂为什么离开。一个为什么，会让你纠结足够的岁月，足够的时间。没有沉没成本了，却多了些机会成本。

所以我经常说，人生无非是一种坚持，坚持到你不能坚持，那就让结果告诉你真相。五十步是可以笑百步的，因为起码我坚持了一些。不要让未来给怀念留太多的时间，那是老了才需要做的勾当。

有学了点佛学的人，在我面前谈“因果、生死”，然后告诉我，他很努力地供养神佛、行善积德，师父却训了他。他卖弄地问我，知道师父训我什么了吗?

“师父告诉你，不要‘求因果’，要学会 ‘了因果’。”

“你怎么知道？”

“因为你想长长久久、天长地老、长命百岁。”

“师父也这么说呢……”

“天底下的师父都是一个师父……”

我不是师父，我也卖弄了，我还要继续学习“了因果”。

你以为我是你的观众，其实你只是我的背景

我们是观众的时候，好好地看这场戏；我们是背景的时候，我们安于自己的角色；我们是主角的时候，多想想与环境的和谐；我们还想证明存在的时候，背景最好清晰明亮充满生机。

秋天如奇异的光，照射进无边的绿，然后就一点点地晕染开来。情愿的不情愿的，渴望的拒绝的，气喘吁吁迎接的，羞涩地接受的……然后就斑斓起来了。天空高起来的时候，云也就和秋天无关似的，安静而洁白。

秋天是最适合摄影的季节，足够美，出现个把人在照片里也很和谐。只要你神情自然，不那么黯然晦涩，穿什么颜色衣服关系都不大。不像其他的季节，要穿出搭配和精气神，否则要么湮没在背景里，要么怎么看都格格不入。

不过现如今倒是简单了，自拍了么。自拍是个不分场地时间

情境季节的，背景虚化，人物显眼，差了重拍，还有手机里一股脑的软件可以修饰，风格多样工具繁多。突然之间，个人照可以抛弃和忽略背景，自个儿就完事，只要自己够美或看起来够美就行。

搁上几年前，我们总还是关注背景的，背景乐也好，背景画也好，鲜明而巨细的背景，衬托的人、事、物，似乎更确实也更生动。英雄不问出处，却要知道来路。写个文章，都要背景清晰明了，易懂脉络。反正你不能脱离开背景独立存在，你也需要拼命和背景协调一致，不能太过格格不入，也不能埋汰了背景，稍微显眼一点就行。

摄影还是一门技术活的时候，世界美好而真实，“软件 + 手机”的无敌组合一出场，背景这玩意儿就落荒而逃。倒不是真实与否、是否美好，只是突然觉得背景没那么重要了。谁都得承认，对自身的关注，该是已经到了历史顶点，而且还会沿着关注自己的路子一步步坚定不移地走下去，不是一百年不动摇，该是会一直一直地下去。

从我仅仅是社会背景里的吃瓜群众，到我是环境的一个角色，再到周遭都是我的背景，这怎么都算是人自身的进步。觉醒谈不上，起码越来越关注自己。自己成为出演的主角儿，时代变化太快，只要自我容颜不老；要不就环境变化忒快，起码我要千面变换。

前些日子谈偶像，记得之前的偶像，多是关注到角色、作品，至于生活里他是谁，关注得没那么狂热。现如今，倒是作品无所谓，咱就是喜欢这个可人儿，狂热得让人害怕。

坏处是，无关背景的人，狂热很快，冷得也不慢。参与感等同于存在感的时候，你就要出现在偶像的生活里，时刻呵护，时刻追随，本身是炫耀自己的独立、展示自己的喜好，最后就人云亦云站队了事。好处是，今天喜欢了，明天换就行，形象不好了，反正也没什么让人记得住的角色，扔掉幻想瞬间换人。我的偶像我做主，不是要偶像做到什么，而是自己换个就行。

于是，其实谁都成了你的背景，你好赖还算生活的主宰。但这话怎么看都有点心虚，你背景换得越勤快，你越不存在自己。你从喜爱到厌弃，速度越快越没有自我。对自己的过去，越觉得不堪回首或是愧疚难当，你的过去越模糊，现在的你就越没有存在感。

过去的人慨叹，时代的洪流之下，何去何从。现在的人，时代的变幻里，管他的何去何从，爷高兴。强颜欢笑，硬遮尴尬，装得自己差点抑郁。潮流希望你是它的观众，你却权当潮流是你的背景。你能坚持喜爱的才是你喜爱的，你坚持厌弃的才是你真的厌弃的，所有的前提都是背景的清晰和谐。

据说现在的名人都很尴尬，好不容易做场讲演，前排观众都背对着自己，拿着手机自拍，为的是发个朋友圈，把你当作背景展示一下。据说，手机依赖症里，女人自拍，男人看自拍，已经比游戏、信息更让人上瘾。

我们是观众的时候，好好地看这场戏；我们是背景的时候，我们安于自己的角色；我们是主角的时候，多想想与环境的和谐；我们还想证明存在的时候，背景最好清晰明亮充满生机。

记得曾经乱写一句诗，“山水有声色，我花犹自开”，山水声色有你，你开你的，山水自有声色，你不开，山水也有声色。但你太多关注你的声色，或山水的声色，你也就不是你，山水的声色也没有了。

想起一篇介绍电影背景乐的文章说，曾经如《007》《星球大战》等片子，背景乐恒定而记忆深刻，标志性地让人痴迷和迷恋。如今诸如复联之类的，你想得起背景乐是什么吗？或许，这个时代就是这样，但真如此，也就没有经典可言。

还是，你以为我是你的观众，其实你只是我的背景？

试着快乐有多难，快乐是最有用的东西

我想，偶尔也学会去好玩好看，而不是想着这个东西是否有用，快乐该是最有用的东西了吧。

前些日子有个段子，大约是说，想看一个人到底长什么样子，去看他 / 她朋友的朋友圈，里面的照片通常比较真实。再就是，一个人和朋友的友情如何，只需看合影自拍，他 / 她在美化自己的同时，会不会也顺道美化一下你。

智能手机淘汰卡片机，这个时代跑得太快。倒是人总还是很爱惜自己的羽毛，漂亮的自己那是必须的，特别是在别人的眼里。

据说，最爱惜羽毛的鸟是孔雀，连过个小河沟，也要把尾羽翘得老高。于是，古人矫情，汉·刘向《说苑·杂言》：“夫君子爱口，孔雀爱羽，虎豹爱爪，此皆所以治身法也。” 联系到了做人做事，人格品格。唐德刚《胡适杂忆》言：“适之先生，爱惜羽毛。”老舍先生称张恨水是一位“最爱惜羽毛的人”，大约都是这个意思。于是乎，想来我们自拍美化、摆拍 POSE，也是无可厚非。在这个世界展示自己尽可能的美丽，碍不着谁还比较快乐，何乐而不为？

快乐吗？

前些日子，朋友带着孩子从澳洲回来旅游，专程来西安，寻根的意思。

女孩，中文会说不会写，澳洲的历史简单到一句话，“英国人来了，发现有金子，于是把土著人都杀了，然后觉得受英国管没劲，自己成立国家呗”，不如西安动辄几千年的厚重。偶尔想，国外的孩子还是幸运的，光历史就省了太多的精力。

或许如她后来跟同学说的，我比较 NICE，于是孩子叽叽喳喳的话停不下来。结果，我哩哩啦啦说了半晌的历史，不知道是否教育到她了，她却几件小事两句话教育了我。

一是见到了几个小玩意儿，跟她妈妈撒娇要买，她的理由很简单，好玩好看。妈妈自然如大人般的思维和习惯，大致意思是这样的东西买来没什么用，母女情深，纠结起来也有趣。到了最后，孩子似乎使出了杀手锏，“能好玩好看，就是有用啊。”于是，孩子最后得逞了，小得意和快乐，母亲满脸的无奈。

二是席间我和同学合影留念，摆了姿势，微笑。孩子很不满意，说没有真正的笑，我说因为牙齿的问题，笑起来很难看。她倒是说：“笑本身就是快乐的啊，和漂亮不漂亮有什么关系呢？”

想想也是，龇牙咧嘴地笑着拍了。同学解释说，孩子初回国的时候，经常会和她说起自己的疑惑，就是国内人不怎么真正地笑。

三是对一切新奇东西最直接的惊奇，哇哇哇的一路，一般这个情况，家长大致会说些大惊小怪、注意形象、叔叔还在旁边的话。同学虽有些不好意思，倒没有说什么，只是说孩子是没见过这些。孩子倒是在真实、真性情、真诚地活自己。

把好玩好看当作有用，把恣意的笑认作快乐，把惊奇最直接真实地表达出来，她应该是快乐的吧，她的羽毛是不是更五彩和耀眼？那我们的呢？

“爱惜羽毛”该如鲁迅说的，如“敝帚自珍”的意思，完全是个人的事情。现如今，倒是成了自己的壳儿，每天活在里面不自在，却还穷其所有的美化、打扮、化妆、打理不止。这东西是否有用，比这个是否带来快乐重要；这是否影响自己在别人眼里的形象，比自己能否开怀大笑重要；及至遇到自己心仪或惊奇的事儿、物件儿，我们先要矜持一下，看看四周，拿出一副稳重的样子，才顺势应境，应景而得体。大致就是，自己为了一个别人眼里的羽毛，丢掉了自己的快乐。同时，还矫情自己是多么有着修养和内涵。

诚实和真诚是两码事，诚实是对这个世界，真诚多少是照应着自己的内心。诚实活着的，大多数被世界教训得鼻青脸肿，真诚活着的基本都修行得位列仙班。约莫着，又落到俗套里了，不真诚对待自己的内心，大约也无权快乐，也无权拥有自己的人生。

老子说你最好活得像个婴儿，我们活如婴儿是没戏了，因为还要挣口饭吃，要不哪一天说不定就饿死了。倒是对待孩子，让他们带领我们学会真诚，这招儿倒是可用。

快乐有多难？

我想，偶尔也学会去好玩好看，而不是想着这个东西是否有用，快乐该是最有用的东西了吧。再，拍个照是真实的自己，真正快乐和大笑的自己，留下的该是自己记忆里的美好，不用那么磨皮美化。也或许，邂逅到惊奇、惊喜，我们真的可以让自己不顾及周边的表达，那样也就没那么多的无聊和悲欢离合。

当我们的孩子如此的时候，我们不去质疑，起码做到旁观，或是进上一步，与他们一起快乐。这是对我们爱的人，和爱我们的人，或是对自己，最快乐也最简单的事情吧……

世界无情的时候学会多情，世界多情的时候学会欢喜

这个世界有太多的苦，你还没有经历，于是你其实没什么资格无情，也没什么资格说世界是无情的；
这个世界有太多的美好，你怯于去感知，于是你永远无法心生欢喜，也无法知道世界其实还是蛮美妙的。

这个春天很无情，在以为温暖要来的时候，给你凄风冷雨。我是老派人，冬衣收了，万万是不能再拿出来穿的，于是不抗冻的我，在春天里寒意满身。

这个春天很奔波，于是无暇顾忌春的颜色和消息，却忽而就在辗转里，遭遇一些春的讯息。借宿屋子的楼梯间，与外界是相通的，于是在门上的角落里，有了燕子窝。早些时候来，空空的窝。于是就想，今年的春天，燕子还会回来吗？

那天喝了点酒，为了楼道声控灯打开，脚步有意识地重了些。

灯亮了，抬头，燕子归巢了。莫名的欢喜和喜悦，春天该是来了，和冷不冷，感觉得到感觉不到关系不大了。

于是想起一句鸡汤，“在世界无情的时候学会多情，在世界多情的时候学会欢喜”，大约也是这个调子。其实这个世界没什么多情无情，春天你以为没来的时候，埋怨冷风冷雨，倒个春寒回到冬季，这个世界真真的无情得很。看到花开艳阳，色彩次第，汗津津的味道出来了，衣服脱了，才是春天、才是世界的多情。

想起一个中学同学，还有那么一段同桌的情谊。复读的时候来的班里，文艺而热情，家境一般般，努力地学习，努力地生活。后边，大约上了个大专还是中专，录音专业。后边还去了电视台，貌似还有凤凰卫视什么的。

再后来，回到家乡，相夫教女。老公也实诚得很，做医生的现在一般都是营销类人员，偏他是个对业务痴迷、不善交际的主儿。两口子，活得不艰辛，但也不怎么滋润。一把年纪了，还保持着对世界的真诚，对自我的严苛。

我最欣赏她的，是对孩子教育的态度和做法。她鼓励孩子探求一切的未知，纵容孩子对世界的一切探索，甚而会有意识地让孩子去经历陌生的世界和人。女孩子能做到人来疯，满世界旅游（穷游），满世界的认识哥哥妹妹、叔叔阿姨、爷爷奶奶。

她培养一切美好的东西给孩子，让孩子单纯到认为世界的美好和善良是理所应当的。这让我很担心。世界是无情的，这是我一直一直的认识。在无情的世界，能乐观地活着就不错了。再把世界认为是美好、善良、多情的，无异于自戕。

朋友倒是淡然，说，世界的无情和多情，多半是我们自己想出来的。如了你的意，你就觉得世界是多情的；不如了你的意，世界就是无情的。于是乎，我们给自己的不如意寻找借口，最好的理由就是世界很无情，最好的武器就是对待世界更绝情。

想想也是，我们期望战胜这个世界，世界无情了就拿着绝情去比画；我们期望自己不受伤害，最佳的途径竟然是做个无情的人。我们累了，我们烦了，我们精疲力竭了，我们受伤了，我们受欺骗了，我们……于是，世界就是无情的？

那你何曾多情地对待这个世界呢？你怕受伤，你怕动情，你怕付出，你怕认错，你怕孤独，你怕寂寞，你永远正确，你审视一切……你连对自己多情都吝啬，这个世界又如何对你多情呢？

这个世界有太多的苦，你还没有经历，于是你其实没什么资格无情，也没什么资格说世界是无情的；这个世界有太多的美好，你怯于去感知，于是你永远无法心生欢喜，也无法知道世界其实还是蛮美妙的。

我这个同学，曾经让我觉得傻乎乎的。到了现在这个年纪，我却认真在感知她的坚韧。当自己学会尽可能多的技巧去面对世界的时候，她却让我觉得对待自己很不真诚。

她说，你的无情多半来自于对自己不够真诚，却一而再再而三地要求别人对待你真诚。当你学会欢喜的时候，这个世界多半也是多情的。因为你觉得春天乖张，多半会觉得夏天无情；当你埋怨夏天溽热，铁定会觉得冬天无情。

她说，你告诉我，所有人说一个人有问题的时候，多半这个人有问题；所有人说一个人很好的时候，这个人一定有问题。当你明白这句话的时候，是不是能放到你的世界里，放到你的生活中？

她总是让我羞愧，这点倒真不习惯，也不情愿。当我是别人的德叔、德爷时，在她这里总是觉得自己对待自己太过恶劣。恶劣不是因为自己不会如何面对世界，完全是因为自己忘了世界的多情，自以为的认为世界无情，也学不会在觉得世界无情的时候多情，也学不会在世界多情的时候学会欢喜。

或许，无情的人对待自己都不够善良，心生欢喜的人总会和世界融为一体。

于是，这个春天我觉得很无情，估计夏天会变得很绝情。

书读了那么多，人生怎么样?

反正你努力是为了认知自己认知世界，付出的总是值得的，和回报关系不大。读书也是这个意思，人生反正就是这个意思。

偶尔想起自己读的书，快慢不一，深浅不一，这和我们的生活没什么两样。生活也是看着像追求生命的意义，绝大多数时间里其实什么意义也没有。我经常说自己是个乐观的悲观主义者，大致是想着世界未必会变好，但不妨碍现在快乐地生活。

其实读书也一样，不管是你精心选择、还是道听途说、或是别人倾力推荐，遇到好书的概率不大，但不妨碍你去读去思考，最好能在自己的生活里有所体现。

今年读书读得少，荒废得紧，也是生活混乱的写照，但好书一样不少，盘点一下值得说的书，也算对自己过去一年的记录吧。

一、《精要主义》

《精要主义》是大学同学的公司湛庐文化出的书，湛庐一出，谁与争锋。锤炼+犀利，该是同学公司的产品特点。

从湛庐要书读，是我的习惯，反正有朋友能纵容你。《精要主义》名字很中国，原文该是选择性减少或计划性减少的意思。断舍离、少有人走的路，观者之众堪称蜂拥，但留在大家生活里的都是些名言警句和说辞。倒是《精要主义》，提供了足够多的方法和思路。

特别值得一提的是，书里提到最先需要做的事情就是选择。我第二本书里，有专门的一部分写选择的力量，因为绝大多数人习惯性地将人生看作被选择或被迫的生活，于是你做的断舍离更接近逃避和躲藏。《精要主义》很明确地告诉你，你走的路首先是选择，然后是承担选择，然后精要你的行为习惯。这个很符合书的名字。

书里运用的探索、排除、执行，接近于科学方法里的一维二维搜索，估计又是个理科生的作品。但必须承认，人生科学些、方法些是很有利于搭建和取舍的。这也是这本书我觉得更值得阅读的原因。

但很不中国化的角度是，西方思维里幼儿及青少年时期对自我人格和性格习惯的确立影响巨大，成年后的补偿性行为能很好地解决这些问题，而中国总是很讲究修身和自强不息。我觉得这也是思维上比较大的冲突，同样是我们接受应用心理学书籍时，读了足够多，却改变不了生活的重要原因之一。

换个思维角度去读这样的书，才会对生活大有裨益吧。

二、《红书》

这是荣格的书。荣格作为弗洛伊德的学生，据说符合“俄狄浦斯情结（恋父恋母情结）”。干掉父亲或师父的角色，在心理学上很常见，在武侠小说里也正常。男人或许要翻的山，第一座就是兄长、父亲吧，心理学上或是武侠小说里，干掉老爹、师父的通常下场不好。但现实生活里，跨越父亲情结，由仰望变成平视，甚至是战胜，基本都是成功者。荣格该算一个。

荣格成功地干掉了父亲般的老师，人格似乎就确立了，然后的然后，创立了荣格人格分析心理学理论，提出了“情结”的概念，人格分了内倾和外倾，创造性地把人格分为意识、个人无意识和集体无意识三层。人格确立这个事情，是个天大的问题，西方哲学家一碰到这问题就集体蒙圈。为什么呢？因为那个睥睨众生、宽恕你的神在。

荣格的噩梦开始了，甚至开始出现幻觉，人格的确立、精神的坍缩，幸而荣格还能绘画，把梦境画出来，写出来，解读了，然后就没精神分裂。（话说，人还是要有点爱好和技能的，要不碰到纠结的事情，保不齐人就崩溃了）这没儒释道亲民，佛讲拈花一笑，道讲修炼飞仙，儒讲天地正气，神仙和你能平等地对视，不会让你因为自己的存在而觉得崩溃，天人合一嘛。

荣格那就真不易了，所有的梦境都和《圣经》、圣哲相关联。从仰视神，无比的卑微，无比的恳求宽恕，到开始质疑，开始离经叛道，开始接近神，学会匍匐在地，却内心试着抬起头；到自身开始逐渐成形，开始散发属于自己的光，开始与神一样的发光；最后的最后，自己存在着，神的光芒消失，自己的光芒消失，自己的世界就是整个世界。

幸亏荣格写了画了，然后人格分析就成了，要不谁来搞出这些呢？《红书》就是在与弗洛伊德决裂，开始建立属于自己的心理学派之间写就的。其实想想和你的一生差不多，你学习的一切目的应该是成为独立的人，人生的目的也是独立人格的确立。不管你要“杀”死谁，你的老师、父母也好，还是你自己，反正要那么做，否则你也就没有活过。

基于这点，这本书还是值得一读，虽然充满恐惧和隐晦、艰涩。

三、《伍迪·艾伦谈话录》

《伍迪·艾伦谈话录》里，伍迪·艾伦说，“我和伟大之间的唯一阻碍就是我自己。”这话让中国人读起来，一定是斗志昂扬的鸡汤，略接近“天行健君子当自强不息”。但伍迪·艾伦不这么想。

书里充斥着伍迪·艾伦对自己懒和偷懒的戏谑，充满了对自己喜爱事物的着迷和对厌恶事物的鄙视。技巧般地夸赞一切人，混乱、温暖、暖色调、音乐、笑话，貌似属于这个纽约人的狡黠和聪慧。书中从构思、写作、选角、拍摄、导演、剪辑、配乐、生涯等部分，将几十年的谈话和场景做了整理和展示。

西方谈话录的流畅、逻辑、关联性等，被作者最好地体现了。于是，足够丰富，也足够描述清楚伍迪·艾伦是什么样的人，什么样的作者，什么样的导演、演员，什么样的艺术家。当一本谈话录，让你没有窥私癖的冲动和窃笑，也没有追求成功者秘诀的欲望，还能兴味盎然地阅读，就该是本好书吧。

我喜欢伍迪·艾伦，甚至很多地方与我心有戚戚焉（有自以为是的嫌疑）。针对人生的意义，他说人生没有意义，但不妨碍他在不伤害别人的情况下，努力成就自己，或让自己更有存在感更快乐。悲观的乐观主义者？虽然他是无神论，我倒未必是。

伍迪·艾伦坚持自己的风格，捍卫自己的生活，努力去学习和逼着自己创作创造，尝试自己喜欢的东西，对周遭温情以待，抓紧一切可能偷懒却对自己的工作充满自尊，用最正常的方式与最不正常的方式去创作，在可能的范围内尽量保有自己，在世俗和自我之间微妙地平衡，充满幻想却又精打细算。将自己变成了一种艺术，自然创作的作品也会是艺术，自己的生活和人生也就成了艺术。

你把他当作伍迪·艾伦的艺术观和艺术史看，我估计什么收获都不会有，因为太“伍迪·艾伦”了，你把这本书看作如何创作、如何生活、如何行进自己的人生，那是再好不过的了。起码，他答疑了我很多写作的困惑，知道未来应该做什么。

今年还读了很多书，值得推荐的还有《最好的告别》（也是湛庐出版），《国史大纲》（重读），《工匠精神》等等，虽乱七八糟，却也算丰富，

反正你努力是为了认知自己认知世界，付出的总是值得的，和回报关系不大。读书也是这个意思，人生反正就是这个意思。

你愿意为之改变的，就是未来能够成功的

或许，你愿意为之改变的，就是未来能够成功的。

我是个几乎不因别人而改变的人，这个很不符合天秤座的气质。

我既喜新厌旧，也坚持一些看似没必要坚持的东西。

这让我显得莫名其妙，总在别人以为不会离开或不会厌倦的时候，突然就离开了。同样，坚持着一些自己认为应该坚持的，让人更加的莫名其妙。

这一点我很得意，也总以为能证明自己的独立和存在，不忘拿着“不忘初心，方得始终”来夸自己，得意扬扬。

前些日子和朋友聊，谈起比较得意的“我还是我”，朋友说，你的坚守我赞赏，但希望你明白；“你愿意为之改变的，才是你未来可能成功的”。

“水桶短板”是个自查自纠的事情，这个“为之改变”却是

一个完全感性的事情。坏的习惯改掉了，未必是好的习惯产生了；好的习惯产生了，未必就有好的结果出现了；为之改变不是补了什么短板，却是身心都认同，且愿意承担改变后的结果。

你会为谁改变

你总会为你生命里重要的人改变。通常我们认为，是恶人让我们认识世界，我们因为创伤才学会保护自己和强大内心。其实，怀念过往，你的改变都是那些你爱的或爱你的人带给你的。

而你每一个在外界觉得诧异的改变，你因为某个人失了方寸、手足无措，不认识自己的时候，你不会因为愤怒崩溃，却因动了感情而心痛。其实你已经开始改变，不是你不认识自己了，低到尘埃里的你，却是最有力量的时刻。

你会因何改变

你因为坎坷改变了，还是因为觉得自己应该改变了？我们受着伤、被世界一次次地欺骗，被不怀好意的人摧残，你就改变了？那改变的你，是更好了，更强大了，还是变邪恶了？

只有确实是你的选择，你才能承担改变。你能承担的改变，才是你自我存在的基石。你总要寻找一个改变的理由，一个人，一个事，一个希望，一个目标……说服自己远比说服别人难得多，也有用得多。

你敢于承担改变的结果吗

没谁不愿意改变，因为改变意味着流动和生机。但又有谁愿意承担改变的结果？我们不会承认自己不够努力，我们总是将责任推给别人。但一切对人性的恍然大悟，都是之前你自己给自己灌的迷魂汤。一切对人品的重新认识，都是你该改变的时候选择了故步自封。

改变就意味着结果，每一个结果才是你改变的目的。当你不愿意承担改变的结果，也就是拒绝了变成更好的自己，扼杀了自己的生机。不流动的是死水，学不会流动的你是主动禁锢自己。

你为何拒绝改变

我们总会发现自己有一百个理由改变，却有一千个理由不想改变。我们就像一个精神分裂者，一方面对自己毫不留情地鞭笞，一方面却能纵容自己。

我们太聪明，于是我们太失败。我们总以为可以欺骗世界和他人，其实被骗的永远是自己。“占得人间一味愚”，你明白自己是愚昧的，在别人讥笑你的“愚”时，或许你才开始居于聪明、或可能聪明的位置了。

一个朋友，每次酒喝多了，就和我历数自己人生的错误。无非是不爱学习了，不够真诚了，不够信任别人了，没有足够的坚持了，自以为是了，没有行业常识了等等。酒一醒，该干什么干什么，该是什么样还是什么样。

其实老早发现，没人不知道自己的问题在哪，同样的，你总会遇到在同一个地方不停摔跤的人。我们充满对未来的渴望，却在当下拒绝改变。我们充斥对过去的厌恶，却坚定不移地在此刻重复错误。

我们过去以为是自己伤得不够，自己的底线还没到，你越来越会发现，你没有底线，也开始成为受虐狂。你不是越来越明白如何成功了，而是越来越习惯失败了。然后承认自己的无能，然后依然拒绝改变。

或许，你愿意为之改变的，就是未来能够成功的。